beck'sche reihe

DAS JAHRTAUSEND

bsr

Die Serie „Das Jahrtausend“ der Frankfurter Allgemeinen Zeitung führt durch die Spiegelungen und Vorspiegelungen der Vergangenheit von zehn Jahrhunderten. Auf dieser Reise durch die Zeit folgt der Leser dem einzelnen Lebenslauf und der Kette der Ereignisse, er begegnet Kunst und Literatur, trifft auf Ängste und Hoffnungen vergangener Epochen und lernt den Alltag in Krieg und Frieden kennen. Wer zu erfahren wünscht, was jetzt ist, erhält die Antwort in dem, was einmal möglich war.

Michael Jeismann, geb. 1958, promovierte im Fach Geschichte an der Universität Bielefeld bei Reinhart Koselleck und ist seit 1993 Redakteur der Frankfurter Allgemeinen Zeitung. Zu seinen Veröffentlichungen zählen u.a.: Das Vaterland der Feinde. Studien zum nationalen Selbstverständnis und Feindbild in Deutschland und Frankreich 1792–1918, Stuttgart 1992, sowie der Sammelband Mahnmal Mitte. Eine Kontroverse, Köln 1999.

Das 18. Jahrhundert

Vernunft und Träume

Herausgegeben von
Michael Jeismann

Verlag C. H. Beck

Mit 12 Abbildungen im Text

Die Deutsche Bibliothek – CIP-Einheitsaufnahme

Das 18. Jahrhundert : Vernunft und Träume / hrsg. von Michael Jeismann. – Orig.-Ausg. – München : Beck, 2000
(Beck'sche Reihe ; 4118 : Das Jahrtausend)
ISBN 3 406 45618 9

Originalausgabe
ISBN 3 406 45618 9

Umschlagentwurf: +malsy, Bremen
Umschlagabbildung: Francisco de Goya, „The Forcibly Bewitched" – (Foto: National Gallery, London)

Satz: Kösel, Kempten
Druck und Bindung: C. H. Beck'sche Buchdruckerei, Nördlingen
Gedruckt auf säurefreiem, alterungsbeständigem Papier
(hergestellt aus chlorfrei gebleichtem Zellstoff)
Printed in Germany

Inhalt

Kleine Chronik

1700: Akademie der Wissenschaften in Berlin, unter Gottfried Wilhelm Leibniz · *1701:* Spanischer Erbfolgekrieg (bis 1713/14) · *1707:* Realunion England – Schottland · *1713:* St. Petersburg neue Hauptstadt Rußlands (bis 1919) · *1715:* Ludwig XIV. gestorben · *1728:* Erster „Goldrausch" in der Neuen Welt (Brasilien) · *1737:* Gründung der Universität Göttingen; das Geschlecht der Medici in Florenz ausgestorben · *1740:* Maria Theresia Königin von Ungarn und Erzherzogin von Österreich, Friedrich II. König von Preußen; Erster Schlesischer Krieg · *1751:* Beginn der Arbeit an der von Denis Diderot und Jean Le Rond herausgegebenen Enzyklopädie · *1755:* Schweres Erdbeben zerstört Lissabon · *1756:* Beginn des Siebenjährigen Krieges · *1760:* George III. König von England (bis 1820) · *1764:* Jesuiten in Frankreich verboten · *1770:* James Cook entdeckt Australien · *1772:* Erste Teilung Polens · *1775:* Beginn des amerikanischen Unabhängigkeitskrieges (bis 1783) · *1780:* Anfänge der Rothschilds in Frankfurt am Main · *1789:* Zusammentritt der Generalstände in Versailles: Dritter Stand erklärt sich zur verfassunggebenden Nationalversammlung; Bauernaufstände in der Provinz; Adel verzichtet auf Privilegien; Erklärung der Menschenrechte; George Washington erster Präsident der Vereinigten Staaten · *1792:* Beginn der Revolutionskriege · *1793:* Ludwig XVI. und Marie-Antoinette vom Konvent zum Tode verurteilt und hingerichtet; Terrorherrschaft der Jakobiner; allgemeine Schulpflicht in Frankreich · *1794:* Robespierre wird hingerichtet· *1799:* Napoleon Bonaparte stürzt das Direktorium und wird Erster Konsul

Henning Ritter

Die verschwundene Zeit

Vom Verfall fasziniert: Archäologie einer verfemten und verherrlichten Gesellschaft

Das Bild vom achtzehnten Jahrhundert, das uns vertraut ist, ist ein Phantom. Denn es ist das Bild einer wieder zum Leben erweckten Zeit. Die Revolution hatte einen Fluch über die Gesellschaft ausgesprochen, die ihr voranging. Sie hatte sie als eine frivole, lasterhafte Gesellschaft verurteilt und die Bande zu ihr durchschnitten. Als der Abbé Sieyès in seinem berühmten Pamphlet den dritten Stand zur neuen Trägerschicht der Gesellschaft ausrief, beschwor er zugleich die Wurzeln der Nation in einer fernen Vergangenheit, im frühen Mittelalter, in einem Boden, der weder durch das Christentum noch durch die Aristokratie bearbeitet war. Auch waren die Gesellschaften des Altertums dem, was den Revolutionären vorschwebte, näher als die Institutionen ihrer unmittelbaren Vergangenheit. Das glaubten sie jedenfalls.

Mit dem Akt der Auslöschung ihrer Vergangenheit hatte die Revolution in Wahrheit deren Wiederkehr vorbereitet. Seit etwa der Mitte des neunzehnten Jahrhunderts wurde das Ancien Régime zum Mythos. Die Bilder von Watteau, Boucher, Fragonard mit ihrer geistreichen Sinnlichkeit, ihrer Frivolität und Galanterie öffneten den Weg zu einer Wiederentdeckung des Ancien Régime, dessen Mythologie noch einmal potenziert wurde: Die Beschwörungen unschuldiger Geselligkeit wurden nun zwar nicht für historische Wahrheit gehalten, aber die untergegangene Gesellschaft wurde doch als Ort träumerischer Selbstverwirklichung des Menschen verklärt: als sei es nur in dem Milieu von Luxus und Verschwendung möglich gewesen, daß der Mensch sich als sinnliches Wesen in allen seinen Möglichkeiten erfuhr. Aus den Lebensspuren des achtzehnten Jahrhunderts, deren meisterhafter Leser für uns Jean Starobinski ist, erstand die Vision der Gesellschaft als Fest. Das berühmte Wort Talleyrands, wer die alte Gesellschaft nicht gekannt habe, wisse nicht, was Glück sei, hatte ihr Echo gefunden.

Das Tor zu einer politischen Rehabilitierung der vorrevolutionären Gesellschaft wurde 1854 von Alexis de Tocqueville aufgestoßen. Er unternahm eine Archäologie dieser verfemten Gesellschaft. Denn die Revolution war mit ihrem „Versuch, die eigene Geschichte in zwei Teile zu schneiden und von der Vergangenheit nichts in die neuen Verhältnisse hinüberzunehmen", so erfolgreich gewesen, daß die wirklichen Verhältnisse im Bewußtsein der Nachlebenden ausgelöscht waren. Tocquevilles Archäologie unterschied sich von dem neuen Mythos, der sich des gedemütigten achtzehnten Jahrhunderts annahm, indem er die ernste Arbeit dieser Gesellschaft an dem erwies, was die Revolution als ihre ureigensten Schöpfungen ausgegeben hatte. Am Ende erschien die Revolution bloß noch als das Eilverfahren, in dem die Errungenschaften eines langen Jahrhunderts unter Dach und Fach gebracht wurden: Alles wäre auch ohne sie gekommen.

In der alten Gesellschaft legte Tocqueville die modernen Tendenzen zur Freiheit und Gleichheit frei, deren Spuren er sogar mitten im Absolutismus sichtbar machen konnte. Gleichheit und Freiheit waren nicht jene abstrakten Forderungen der Literaten und Philosophen, von deren beschwörenden Formeln sich die Aristokratie ohne Bedenken in Bann ziehen ließ. Die aristokratische Freiheit umschloß als ihren Kern den Willen zur Unabhängigkeit. Auch wenn dieser sich in einem die Freiheit der anderen überall einschränkenden System von Privilegien behauptete, breitete sich unterhalb der politischen Institutionen der Geist der Freiheit in den Sitten aus und verband sich mit einer demokratischen Tendenz, die aus einer ungewollten Annäherung der Stände ihre Nahrung zog.

Die moderne Freiheit, die auf der Anschauung beruht, daß die Menschen die nötige Einsicht zum Gebrauch ihrer Freiheit „von Natur" mitbringen, fand in dem Maße ein populäres Echo, wie die Zentralverwaltung des Absolutismus zwar alles entscheiden wollte, aber nicht alles regeln konnte. Die absolutistische Willkür, die sich des Instruments einer rationalen Verwaltung bediente, ließ im Schatten ihrer Wirksamkeit die Tendenzen von Gleichheit und Freiheit zunehmenden Anhalt in der Wirklichkeit finden. Die Lage der Untertanen glich sich unter der Herrschaft der Willkür so weit an, daß diese fähig wurden, sich wechselseitig in die der anderen zu versetzen. Es entstand eine politisch noch ungeformte öffentliche Meinung: „Ich bin es, der die Minister ernennt", soll Ludwig XIV. gesagt haben, „aber die Nation ist es, die sie entläßt."

Montesquieus Weg zu seiner über das Jahrhundert hinaus gültig bleibenden Formulierung der Freiheit unter Gesetzen ist beispielhaft für die Erfahrung des Jahrhunderts. Am Anfang steht eine weit ausgreifende, die Beispiele aus allen Weltgegenden und Zeiten heranholende Argumentation gegen den Despotismus. In ihr ist die Kritik der Willkürherrschaft des Absolutismus kaum verschlüsselt. Die Despotie wird als eine zu einfache Antwort auf die Anforderungen einer guten Gesellschaft begriffen, sie ist überall dieselbe und erzeugt überall dieselben Konflikte. Sie wird der Verschiedenheit nicht gerecht, die von der Vielfalt der Völker und ihrer Einrichtungen bezeugt wird. Diese Kritik der Despotie geht der Freiheitsforderung voraus, deren bedrohliche Seiten für das politische Leben durch das Studium der Politik des Altertums ins Bewußtsein gehoben wird: Die politische Freiheit ist etwas Seltenes, und sie ist schwerer zu bewahren als zu gewinnen.

Die Freiheit im Singular gibt es noch nicht, nur die vielen Freiheiten: die Freiheiten der Stände und der Gewerbe, die Freiheit von den Einschränkungen durch die Zentralmacht. Freiheit ist auch eine Steuerfrage, sie hat sich noch nicht mit dem Willen des Einzelnen vermählt. Die Entdeckung der politischen Freiheit als einer Aufgabe der Gegenwart geschieht auf vielen Wegen, vor allem auf dem Umweg über die Daseinssicherheit. Montesquieus „Geist der Gesetze" wird die wirksame Formel finden für eine doppelte Freiheit: die Freiheit im Bereich des vom Gesetz Erlaubten und die Freiheit der Verwirklichung des Rechtszustandes.

Zum Bild des achtzehnten Jahrhunderts gehört eine extreme Kultivierung der Verschiedenheit. Darin berührt sich das Lebensgefühl der Epoche mit der Nostalgie des ihr folgenden Jahrhunderts, das der drückenden Gleichheit entgehen will, indem es sich in eine Welt zurückträumt, in der die Individuen gleichsam noch Arten waren und kollektive Lebensentwürfe einer unübersehbaren Zahl kleiner Gesellschaften verwirklichten und repräsentierten. Die verborgene Gleichheitstendenz im zu Ende gehenden Absolutismus war eher Gegenhalt und Rettungsanker gegen eine bedrängende Vielfalt.

Dabei waren die großen Nationen des achtzehnten Jahrhunderts nicht nur in sich selbst bunt wie ein Flickenteppich, sie hatten auch die Verschiedenheit und Vielfalt der anderen Nationen im Auge: Sie beobachteten, beeinflußten einander, versuchten einander zu begreifen und ahmten einander nach. Und innerhalb der großen Gesellschaften gab es eine Vielzahl von kleinen Gesellschaften, Salons, Vereine, gelehrte Gesellschaften, Akademien, die allesamt als Modelle ungezwungener Zusammenschlüsse betrachtet wurden und in deren Grenzen man über die „gute Gesellschaft", ihre Formen und ihre Werte nachdachte. Die aristokratische Geselligkeit der Epoche begann sich in solchen selbst geschaffenen Sozietäten über ihre leitenden Ideen, über ihre Moral und ihre Idee vom Glück zu verständigen. In keiner Zeit wurde so viel über das Glück philosophiert wie in der ersten Hälfte des achtzehnten Jahrhunderts. Aber in denselben Salons und Sozietäten wurden auch Zweifel und Kritik geweckt.

Als Montesquieu 1721 seine „Persischen Briefe" veröffentlichte, die ein ungeheurer Publikumserfolg wurden, vollbrachte er kein einsames Experiment, indem er seine exotischen Perser nach Paris führte, wo sie Alltagsleben und Institutionen mit staunenden Augen einer ebenso höflichen wie kritischen Prüfung unterzogen. Er bewegte sich vielmehr in einem Strom von Nachrichten und Berichten aus fernen Ländern und über die exotischen Gesellschaften, die zu Vergleichen und kritischem Urteil anregten. Die Entdeckungen der vergangenen Jahrhunderte trugen dem Bewußtsein nicht mehr nur phantastische Bilder zu, sondern wurden zu rationalen Herausforderungen an die institutionelle Phantasie. Die Gefahr dieser Horizonterweiterung lag in einem alles erfassenden Relativismus. Die über die Welt verstreuten Gesellschaften schienen einander in Frage zu stellen, sie zeigten, daß es für jeden Widersinn Gründe gab, daß auch in den absurdesten Bräuchen Vernunft walten konnte. Daß das Jahrhundert sich dieser Herausforderung durch das relativistische Universum der Kultur angenommen hat, daß es sich nicht durch die überwältigende Fülle des Verschiedenen traumatisieren ließ, ist seine große geistige Leistung.

Als Nebeneffekt der neuen, Raum schaffenden Erfahrung trat eine das Antiquarische sprengende Aktualisierung der Geschichte ein. Die historische Vergangenheit wurde zu einem Teil der Überschau über die Spielarten der Institutionen, in denen sich menschliche Gesellschaften verwirklichen. Die Erfahrungen, die sich am zeitlich Entfernten machen ließen, wurden auf ihre Vergleichbarkeit mit Beobachtungen in der Gegenwart hin angesehen. Auf den Ruinen Roms hatte Edward Gibbon eines Tages eine Erleuchtung, die ihm das Thema seines Werkes über den „Aufstieg und Niedergang Roms" vorzeichnete.

Die Gegenwart der Ruinen habe eine Zeitschleuse geöffnet, so wie wenige Jahre zuvor Jean-Jacques Rousseau unter einem Baum lagernd die Vision einer vorzivilisierten Einfachheit gehabt hatte, die auf einmal mit Händen zu greifen schien. Der Inhalt der Visionen von Rousseau wie von Gibbon ließ sich den Zeitgenossen so mühelos mitteilen, als wären sie im Augenblick der Erleuchtung dabei gewesen. Weite Räume und tiefe Zeiten – in beiden Dimensionen begann sich das Bewußtsein zu bewegen, bevor am Ende des Jahrhunderts die Zeit über den Raum triumphierte.

Alles fügt sich in diesem klassischen Zeitalter in ein riesiges Tableau von Meinungen, Gebräuchen, Sitten und politischen Institutionen, über die es ein Urteil zu gewinnen gilt. Der Vernunft drängt sich gleichsam von außen die Notwendigkeit auf, die Idee einer gemeinsamen Regel zu bilden, die für alle Zeiten und für alle Menschen gültig wäre. Im geistigen Haushalt des Jahrhunderts ist die Besessenheit vom Konkreten, von der Abwechslung, dem Variationsreichtum der Erscheinungen das Primäre. Der „Geist" des achtzehnten Jahrhunderts, der „esprit", will überrascht werden, er braucht die Abwechslung und Verschiedenheit, um die Promptheit seines Reaktionsvermögens zu spüren.

Das Jahrhundert ist ein psychologisches in dem Maße, wie es Sinnlichkeit und Seelisches aufeinander bezieht und auseinander zu erklären sucht. Es gibt sich den Sinnen hin bis zum Überdruß und sucht doch nur immer neue

Abwechslung. Die Mode, der Geschmack und die Kunst suchen nach immer neuen Formen des Ausgleichs zwischen dem Überraschenden und der Form. Das ist die Rokokoseite des Jahrhunderts, die sich vor allem in den Festen der Repräsentation und Verschwendung, im Luxus und in der Zuflucht zum Einfachen, im Feuerwerk und im Pastorale auslebt. Die Menschen sind dabei dem Gesetz der immer stärkeren Reize unterworfen, sie suchen Steigerungen, die bis an die Grenzen des Lebbaren gehen. Deshalb gehören die Außenseiter, von Rousseau bis zu Casanova und de Sade, in das Zentrum der Erfahrung der Epoche.

Die Vernunft kommt später und sie scheint selbst von den Reizen des Neuen und von der Abwechslung gebannt zu sein. Die Regelmäßigkeit erkennende und Regeln gebende Vernunft hält sich so lange wie möglich zurück, als wollte sie das Spiel nicht aufhalten oder stören. Sie ist von dem, was ihr Widerstand leistet, nicht gelähmt, sondern fühlt sich dadurch belebt, als Neugier folgt sie den Wegen der Sinnlichkeit. Sie ergeht sich im Reichtum der Erscheinungen und in deren Vieldeutigkeit, ohne zu starren Überzeugungen und letzten Sicherheiten allzu rasch Zuflucht zu nehmen. Sie scheint nur im Anderen ganz bei sich selbst zu sein. Und ebenso liebt der Mensch des achtzehnten Jahrhunderts im geselligen Leben die Fassaden, das Zufällige, die Willkür der Konventionen, das Spiel der Masken. Im Zentrum der Erfahrung stehen deswegen das Fest und das Theater.

Wie eine Nemesis der Freude an der Entfremdung erlebt die Zeit den Einbruch des Authentischen. Das Spiel im Künstlichen war so weit getrieben worden, daß sein Gegenteil, das Natürliche, zu einer neuen Macht heranwuchs. Die Natur war lange künstlich, ehe sie „natürlich“ wurde. Die Verurteilung der Gesellschaft im Namen der Natur war das Banner, das 1750 von Rousseaus „Erster Abhandlung“ gehißt wurde und durchschlagenden Erfolg hatte. Denn nun konnten alle Fragen in dem Gegensatz „natürlich – künstlich“ polarisiert werden, wobei unausweichlich die Naturseite gewinnen mußte; das Künstliche, das als nachträglich und als Abweichung von einem Ursprünglichen durchschaut war, mußte notwendig den Kürzeren ziehen. Aus dem Maskenspiel wurde Demaskierung, und sie war um so unwiderstehlicher, als sie ihre Legitimation nicht aus dem Spiel selbst zog, sondern außerhalb des Spiels begründet war.

Der bewegliche „esprit“ sah sich von den ernsten Fragen abgeschnitten. Eine nach Begründungen suchende, beweisende Vernunft bemächtigte sich ihrer. Das Jahrhundert schien sich selbst zu kompliziert geworden, es suchte das Einfache in Gestalt von aus einfachen Prinzipien entwickelten Gedankengebäuden, deren jedes eine ganze Gesellschaft tragen zu können schien, und in der Reform des Lebens. Dieses ins Utopische tendierende Denken fand eine eigene Trägerschicht in den „Philosophen“ und Literaten, die sich um die „Encyclopédie“ scharten. Der Typus, der sich hier ausprägte, blieb lange Zeit auf Paris beschränkt und fand endlich in der Revolution das lange entbehrte Betätigungsfeld. Abgeschnitten von jeder politischen Wirksamkeit, von jeder Berührung mit praktischen Fragen des gesellschaftlichen Lebens, auch von jeder Realisierung ihrer Gedanken, trieb es sie zu einer „abstrakten und literarischen Politik“, in der die Tragödie der Revolution sich vorbereitete. Von den Exzessen dieser politischen Projektemacherei blieben die übrigen Länder Europas auf erstaunliche Weise verschont, erst im unmittelbaren Vorfeld und im Gefolge der Revolution wurden sie wie durch Ansteckung davon erfaßt.

Riskantes Spiel der Kritik

Die Geburt der modernen politisierenden Intellektuellen vollzog sich in eben der Gesellschaft, zu deren Verdammung sie am meisten beitragen sollten. Sie waren ihre Totengräber und hatten doch viele Jahre lang nicht etwa als Verfemte in ihr gelebt, sondern als ihre verwöhnten Schmarotzer.

Sie bildeten innerhalb der Gesellschaft selbst eine Gesellschaft, die sich als „république des lettres" bezeichnete, und in ihr lebten sie eine Gleichheit, die mehr mit der aristokratischen Gleichheit zu tun hatte als mit der politischen Gleichheit, von der sie träumten. Allerdings darf man die Verfolgungen und Schikanen nicht übersehen, denen sie immer dann ausgesetzt waren, wenn sie die geheimen Artikel ihres Pakts mit der Aristokratie verletzten, indem sie sich zu religionsfeindlicher Polemik oder Aufrufen zum Sturz der Regierenden unter ihrem eigenen Namen hinreißen ließen. Aber wer die Spielregeln dieses Pakts so perfekt beherrschte wie Voltaire, durfte damals alles sagen und mit allem, was er sagte, Gehör finden.

Das konnte so lange gut gehen, wie die politischen Leidenschaften sich selbst unter Kontrolle hielten. Das in hoch entwickelte gesellschaftliche Konventionen eingebettete Spiel der Kritik und der allgemeinen Theorien bezog seinen Reiz und alles, was ihm aufgrund kahler Abstraktionen an Lebendigkeit fehlte, aus dem unendlichen Gespräch der Salons, der Briefwechsel und des über die ganze Welt sich erstreckenden Gedankenverkehrs der Publizistik. All dies war keine Erfindung der Literaten, aber sie zogen daraus wie aus ihrer Einbettung in die aristokratische Gesellschaft einen nie gekannten Zuwachs an Reputation und Freiheit. Wahrscheinlich hat es nie eine Gesellschaft gegeben, die so rasch und so eindringlich miteinander kommunizierte. Noch heute

Als Ruine für die Ewigkeit versichert: Die Bank von England, von John Soane seit 1788 geplant und erbaut. Zeichnung von J. M. Gandy

sind nicht alle großen Briefwechsel, zirkulierenden Schriftstücke und Memoiren dieser Zeit ediert, geschweige denn erschlossen.

Solche Mitteilsamkeit kann nicht erzwungen werden, sie ist angewiesen auf ein Entgegenkommen und eine besondere Empfänglichkeit der Zeit bis hinab zu den einfachsten Teilhabern am Gedankenverkehr. Den Schriftstellern wuchsen neue Leser und Leserschichten zu, einfache Leute, die zu ihrer treuesten Gefolgschaft wurden. Die Archive haben zahllose Dokumente freigegeben, in denen die Bauern und einfachen Bürger in ihren Klagen und Beschwerden dieselbe Sprache sprechen wie die wortführenden Literaten. Ja sogar die Verwaltung und die politische Führung des Landes bedienten sich im Vorfeld der Revolution all jener Schlagworte, die durch die abstrakten Gesellschaftsentwürfe der Philosophen eingeführt worden waren, vor allem aber übernahmen sie den Ton der insistierenden, gefühlvollen Klage, den man bei Rousseau erlernen konnte. Es bleibt eines der Rätsel der vorrevolutionären Gesellschaft, wie es zu dem Wechselspiel von politischer und theoretischer Leidenschaft gekommen ist, von der die Gesellschaft erfaßt wurde.

Nach dem Tod Ludwigs XIV. und in der noch fortdauernden Periode der Erbfolgekriege der großen europäischen Herrscherhäuser, zu denen bald die überseeischen Engagements hinzukamen, hatte die französische Gesellschaft am Rand des Ruins gestanden. Die gewagten Finanzspekulationen John Laws, in die Frankreichs führende Schicht verwickelt war und die den Staat an den Rand des Bankrotts geführt hatten, waren die Vorboten der neuen „kommerziellen Gesellschaft“, wie man sie in England nannte und mit großem Erfolg praktizierte.

Die Unfähigkeit zu handeln

Als Adam Smith sein Buch über den „Reichtum der Nationen" veröffentlichte, war seine Theorie der kommerziellen Gesellschaft, der Marktwirtschaft, kein abstrakter Entwurf, sondern eine Bestandsaufnahme und Analyse von Entwicklungen, die England bereits hinter sich hatte. Die Liquidierung des Feudalsystems, der rätselhafte Vorgang, daß eine Gesellschaftsordnung kampflos und fast geräuschlos in sich zusammengefallen war, bedurfte nur noch der Erklärung, nicht etwa ihrer theoretischen Anbahnung wie in Frankreich oder anderen Ländern Europas, die sich mühsam vom Feudalismus befreiten.

Frankreich hatte die Vorzeichen der neuen Gesellschaft zwar frühzeitig erlebt, als John Law neue Wege der Geldschöpfung durch Gründung seines „Mississippi-Projekts" ging und das Papiergeld erprobte. Aber die Gesellschaft schreckte vor dem Abgrund zurück, in den sie einen Moment lang geblickt hatte, sie war frühzeitig, zu früh, geheilt von den Risiken des Neuen. Obwohl im Lauf der Zeit die Verwaltung energisch zentralisiert wurde und in vielem jene Form annahm, die von der Revolution sanktioniert wurde, obwohl Spielräume für wirtschaftliche Initiativen des Bürgertums eröffnet wurden und obwohl die beiden Jahrzehnte vor der Revolution den größten Zuwachs an Wohlstand brachten, blieb die Gesellschaft unfähig zu gemeinsamem Handeln.

Im Jahre 1774 war sogar eine ausdrücklich zur Reform berufene Regierung gebildet worden, an deren Spitze mit Turgot ein Mitglied der Kerntruppe der Enzyklopädisten stand. Ihr Scheitern wurde zum Fanal der Ohnmacht, da auch die viel gepriesenen neuen Erkenntnisse der Physiokraten und Ökonomisten versagt hatten. Bezeichnend für die Ratlosigkeit der Reformer war Turgots Vorschlag an Ludwig XVI., eine „assemblée représentative“ einzuführen, ohne ihr wirkliche Rechte zu übertragen. Am Vorabend einer Revolution, hat Tocqueville gemeint, seien solche Zugeständnisse nur geeignet, das Volk zu entflammen, ohne es zufriedenzustellen.

Das Scheitern dieser Regierung, der Turgots Gesinnungsgenosse Condorcet mit einem ganzen Bündel abwegiger Projekte beratend beisprang, ist von starker Symbolkraft: Die Energie, die aus dem Kreise der politisierenden Literaten der praktischen Politik hätte zufließen können, erwies sich als zu schwach, die Entfernung von der praktischen Politik war zu groß. Diese Episode hat kaum Spuren hinterlassen in der Ruhmesgeschichte der Enzyklopädisten, während Voltaires, Diderots und Grimms langjährige und unermüdliche Beratung der Zarin Katharina wenigstens zu einer beträchtlichen Bereicherung der Bildersammlungen und Bibliotheken des Zarenreiches führte.

Jahrhundertwetter

Im Oktober 1739 fiel so strenge Kälte ein, daß in Halle (Saale) die hart gefrorenen Felder nicht mehr gepflügt werden konnten. Die Saale überzog sich mit einer dicken Eisschicht. Auf Kosten der Stadt mußten über hundert Menschen täglich das Eis aufhacken, um die in die preußische Armee gepreßten jungen Männer an der Desertion über den gefrorenen Fluß zu hindern.

Heizmaterial wurde für die meisten Haushalte unerschwinglich. Ungezählte erfroren in den bitterkalten Nächten. Das Winterhalbjahr 1739/40 war das kälteste in den letzten 500 Jahren. Die größten Verluste an Menschenleben infolge Kälte und Unterernährung hatten Finnland und Norwegen zu beklagen.

Extremer war die Kälte nur im Januar 1709: Zwischen dem 5. und dem 7. schob sich eine Walze von –20° C kalter arktischer Luft mit einer Geschwindigkeit von ca. 40 km/h durch Mitteleuropa nach Süden vor und richtete an frostempfindlichen Kulturen im Mittelmeerraum gewaltige Schäden an. Im Monatsmittel wurden in Berlin –13° C gemessen. Bitterkalt war auch der Winter 1788/89 im Vorfeld der Französischen Revolution. Dieses epochale Ereignis wird oft mit dem Klima in Zusammenhang gebracht. Das Getreide erlitt im Juni 1788 in weiten Teilen Frankreichs einen Hitzeschock, hinzu kam Hagel. Im Juli 1789 erreichten die Brotpreise in Paris den höchsten Stand innerhalb des Jahrhunderts.

Kalt-trockene, von Hochdruckgebieten über der Nordsee dominierte Winter- und Frühjahrsperioden sind für das Klima des achtzehnten Jahrhunderts kennzeichnend. Zu

Beginn des Jahrhunderts nahm die Sonnenaktivität stark zu. Dies kam den Sommern zugute, von denen einige (1718, 1719, 1724) zu den heißesten und trockensten der letzten Jahrhunderte gehören. 1735 brach der kleine Wärmegipfel ab und mit ihm die günstige Agrarkonjunktur der 1720er und frühen 1730er Jahre.

Patrick Bahners

Ludwig XIV. hatte einen schweren Zacken

Der Herzog von Saint-Simon brach ihn dem König aus der Krone: Die höfische Gesellschaft und die Tücken des Anstands

Der New Yorker wird frei geboren, und überall liegt er in Ketten. Die Fernsehserie „Seinfeld" wird künftigen Sozialhistorikern Belege für die Spekulation liefern, daß nicht die wachsende Ungleichheit, sondern die fortschreitende Gleichheit das Unglück des modernen Menschen erzeuge. Seinfeld und seine Freunde sind einsamer nicht zu denken und können dennoch der Gesellschaft nicht entsagen. Sie sind hoffnungslos verwickelt in den Prozeß der Zivilisation. Eine Episode handelt von Seinfelds vergeblichen Versuchen, einer Bekannten aus dem Weg zu gehen, die ihm eine Begrüßungskußbeziehung aufgezwungen hat: Bei jeder Begegnung drückt sie ihm einen Kuß auf die Wange und erwartet Bezahlung in gleicher Währung.

Manhattan ist zu eng, als daß sich jeder Kontakt auf Dauer vermeiden ließe. Der Tyrannei der Intimität entgeht Seinfeld nur, wenn er sich eine List einfallen läßt. Er richtet es beispielsweise ein, daß er am Kühlschrank beschäftigt ist, wenn die Bekannte seine Wohnung betritt. Die Barriere der Kühlschranktür verhindert die naßforsche Besiegelung der Begrüßungsworte. Es versteht sich von selbst, daß Seinfeld sich den Vollzug des unappetitlichen Rituals nicht einfach verbittet. Aber warum eigentlich? Was ist an der Verstellung lobenswert? Wären mit der ehrlichen Beleidigung nicht alle Beteiligten besser bedient?

Daß als zivilisiert gilt, wer sich zu beherrschen weiß, ist

Norbert Elias zufolge Erbe und Errungenschaft der höfischen Gesellschaft. Der Zweck des Zeremoniells, der Rangordnungen und Gesellschaftsspiele, war die Domestizierung der Affekte. Als wäre das Schloß eine Laborschule und der Fürst ihr Direktor, lernten die Adligen stellvertretend für die ganze Gesellschaft, wie man sich wechselseitig respektiert, auch wenn jeder den anderen insgeheim verachtet. Die wichtigste Autorität für Elias sind die Memoiren, die Louis de Rouvroy, Herzog von Saint-Simon, über den Hof Ludwigs XIV. geschrieben hat. Gerade seine Formlosigkeit macht dieses unerschöpfliche Werk zum Monument der gesellschaftlichen Formen. Der Mann von Ehre kann die Dinge gar nicht genau genug nehmen. Das Gegenteil der Etikette ist die Gleichgültigkeit.

Alles kommt auf den Unterschied an, aber da jede Unterscheidung Anlaß zu neuen Unterscheidungen gibt, verliert sich ins Unendliche, wer der Protokollprobleme Herr werden will. Die offiziellen Bücher der Zeremonienmeister, etwa die Tafeln des Vortritts, die an jedem Hof geführt werden, geben noch kein Bild der höfischen Gesellschaft im Sinne von Elias. Regeln fordern Anwendung. Je umständlicher die theoretische Festlegung, desto dringlicher die praktische Auslegung. Wer sich tatsächlich bei Tisch setzen darf, zeigt sich erst, wenn die Speisen aufgetragen werden. In den Spielräumen der Interpretation entfaltet sich das hofgesellschaftliche Spektakel. Welche Unterschiede tatsächlich markiert werden, werden verschiedene Betrachter verschieden sehen. Insofern ist jeder Höfling ein kleiner König.

Es wimmelt in Saint-Simons Versailles von Gecken, die sich eine übertriebene Vorstellung von ihrer Stellung machen. Nur daß sein eigener Begriff von der erhabenen Würde eines Herzogs und Pair von Frankreich zu hoch gegriffen sein könnte, kommt dem Autor nicht in den Sinn. Für Elias ist der Hof eine Zivilgesellschaft, weil ein Streit um den Vorrang nicht mit Gewalt entschieden wird. Die Umgangsformen ermöglichen die friedliche Koexistenz individueller Selbstherrlichkeiten. Wer sich zuvorkommend verhält, vergibt sich nichts; das Drechseln von Komplimenten muß als nützlich gelten, weil ihr Austausch beide Seiten das Gesicht wahren läßt.

Die phantastische Akkuratesse, mit der die imaginäre Besitzstandswahrung betrieben wird, ist der Stoff vieler Anekdoten Saint-Simons. So erzählt er von dem Besuch, den Max Emanuel von Bayern 1709 dem Dauphin abstattete. Um dem Kurfürsten den von ihm beanspruchten Vortritt weder zu gewähren noch zu verweigern, empfing ihn der Thronfolger vor der Tür seines Schloßes und bat ihn nicht herein; so konnte keiner als Erster eintreten. Die Fürsten konferierten in einer Kutsche, die beide zur gleichen Zeit von verschiedenen Seiten bestiegen. Wie hier das Fortbewegungsmittel dem Sohn des Königs erlaubte, auf seinem Standpunkt zu verharren, verhindert heute in New York eine beizeiten geöffnete Kühlschranktür den Einbruch einer sozialen Eiszeit.

So kann auch der eingebildete Kranke der gesellschaftlichen Gesundheit dienen. Als der Kurfürst von der Pfalz in Heidelberg dem Herzog von Chevreuse ein Abendessen gab, blieb er im Bett, um dem Botschafter nicht den Ehrenplatz zu seiner Rechten zuzugestehen. Beide Begebenheiten aus den bourbonisch-wittelsbachischen Beziehungen führt Marcel Proust in der „Welt der Guermantes“ an. Denn schon Saint-Simon soll die Guermantes geschildert haben. Als der Herzog von Guermantes den Erzähler durch sein Haus führt, läßt er ihm an jeder Tür den Vortritt und entschuldigt sich, wenn er ausnahmsweise vorangehen muß, um ihm den Weg zu zeigen. Der Gast erkennt in der kleinen Szene die Wiederaufführung eines Stücks aus den Memoiren, deren Autor einen Vorfahren der Guermantes besucht und die gleiche vollkommene Erfüllung der frivolen Pflichten des Edelmanns erlebt habe.

Die Schattenseite dieses Schauspiels der guten Sitten illustriert der Sonnenkönig. Der Umständlichkeit, mit der Ludwig XIV. seinen Diplomaten und Verwandten jede feine Nuance des korrekten Auftretens vorschrieb, stellt der Erzähler gegenüber, was Saint-Simon vom Verhalten des Königs nach dem Tod seines Bruders, des Herzogs von Orléans, berichtet. Monsieur war noch warm, wie es ein Höfling in unübertrefflichem Realismus ausdrückte, da befahl der König schon wieder das Kartenspielen. Den gleichen Kontrast zwischen Beflissenheit und Indifferenz meint der Erzähler an den Guermantes zu beobachten: Sie sind gewöhnlichen Sterblichen an Empfindungsfähigkeit keineswegs überlegen, und dennoch steht jeden Tag in der Zeitung, sie seien untröstlich, daß sie an einer Beerdigung nicht hätten teilnehmen können. Die Führung durch den Herzog wird für den Erzähler zum moralhistorischen Anschauungsunterricht: Nicht der Geist des Rittertums ist in diesem Herrn noch lebendig, sondern die Haltung jenes Adels, der unter Ludwig XIV. lernte, die Gewissensskrupel aus dem Reich der Gefühle auf die Fragen der reinen Form zu verlagern. Wo Elias die Verinnerlichung des Zwangs zur Friedlichkeit bewundert, da stößt den Erzähler die Veräußerlichung der Moral ab.

Elias verstand seine Untersuchung des absolutistischen Hofes auch als Lehrstück für die Deutschen, denen er die Verachtung der Förmlichkeit und den Kult der Sache verleiden wollte. Daher liest Elias der Zeichensprache des Hofes ein unerhörtes Versprechen ab: Das Ballett des Protokolls ist das Vorspiel endlich befriedeter Verhältnisse. Prousts Erzähler zieht dagegen aus der Lektüre Saint-Simons und der Beobachtung der Guermantes den Schluß, es gelte zu verstehen, daß die Höflichkeit nicht über das hinausgehe, was dieses Wort bedeute. Emanuel Le Roy Ladurie hat Saint-Simon vor zwei Jahren eine Monographie gewidmet, in der er Elias vorwirft, er habe den Hof verkannt, weil er ihn unbedingt als Probebühne der Moderne habe sehen wollen. Das „System des Hofes“ sei auf die Prämisse natürlicher Ungleichheit gegründet, insofern hoffnungslos alteuropäisch. Die Vorläufer moderner ziviler Verhaltensweisen, die auf Gegenseitigkeit beruhen, habe man in der Provinz und in der Gelehrtenrepublik zu suchen.

Daß Le Roy Ladurie wenig akademische Courtoisie gegenüber dem verstorbenen Klassiker walten läßt, mag den Leser nicht unbedingt für diese These einnehmen. Aber imposant ist die Rekonstruktion eines geschlossenen Weltbilds, der Logik einer Obsession. Die Verbindlichkeit der von Saint-Simon artikulierten adligen Mentalität auch für den Monarchen hat Elias unterschätzt, die Handlungsfreiheit Ludwigs XIV. entsprechend mindestens ebenso sehr überschätzt wie die Historiker, denen der Soziologe das zum Vorwurf macht. Wenn der König die natürliche Rangordnung verletzte, indem er etwa seine Bastarde den Prinzen von Geblüt gleichstellen wollte, verkörperte er nicht so sehr eine politische als eine kosmologische Gefahr. Saint-Simon hat aus der Geschichtsphilosophie des Hofmanns, der aus eigener Anschauung weiß, daß aus kleinsten Ursachen die größten Folgen entstehen, die letzte Konsequenz gezogen. Seine Hermeneutik des Verdachts entziffert die protokollarische Panne oder den sprachlichen Schnitzer, die keinem Außenstehenden bemerkenswert erschienen, als untrügliche Zeichen des Schlimmsten.

Prousts Erzähler führt Saint-Simons verächtliches Wort an, Ludwig XIV. sei wegen seiner Nachlässigkeit in Formfragen ein kleiner König. Gestrichen hat Proust ein ausführliches Zitat dieser erstaunlichen Stelle. Saint-Simon rügt, Ludwig XIV. habe es zugelassen, daß der Kurfürst von Bayern

Der Herzog von Saint-Simon, zeitgenössischer Kupferstich

einfach „l'Électeur" genannt wurde und nicht „Monsieur l'Électeur" – dabei war es doch das Vorrecht des Königs, „le Roi" zu sein und nicht „Monsieur le Roi". Das vergessene Wörtchen kündigt das Ende aller Dinge an. „So vergeht alles, erhebt sich alles, erniedrigt sich alles, zerstört sich alles, wird alles Chaos." Den Historiker der feinen Unterschiede verfolgt das Undenkbare: Alles könnte am Ende nichts bedeuten. Wo Elias meinte, dem höfischen Menschen hätten sich keine Ausweichmöglichkeiten geboten, da zeigt Le Roy Ladurie, wie Saint-Simon in exemplarischen Biographien eine Alternative durchgängig gegenwärtig hält: Es ist immer möglich, alles zu verwerfen, Amt, Besitz und Status, sich ins Kloster zurückzuziehen oder auf die Güter.

Diesem Modell der Entsagung, das die jansenistische Frömmigkeit lehrte, folgt Proust in der Konstruktion seines Romans, und er stellt sich in die Nachfolge Saint-Simons. Man könne, was man liebe, nur wiedererschaffen, wenn man es dahingebe, sagt der Erzähler auf den letzten Seiten, und so will er, indem er das Original vergißt, die Memoiren Saint-Simons für eine andere Epoche schreiben. Aus der Atmosphäre von Saint-Simons Kryptojansenismus stammt die seltsame Metapher des Erzählers, die Krankheit, die ihm den Abschied von der Welt aufgenötigt habe, habe ihm als roher Gewissenslenker gedient.

Der Baron de Charlus aber kämpft immer noch die Kämpfe seines Hauses mit Ludwig XIV., der den Guermantes befahl, ihn nicht wie ausländische Fürsten den allerchristlichsten König zu nennen, sondern einfach den König. Die Besinnung auf die höfische Liebenswürdigkeit sollte den Deutschen nach der Vorstellung von Norbert Elias die Grobheiten des Wilhelminismus austreiben. Es ist eine schwindelerregende Ironie, daß Charlus als leibhaftigen Idealtyp der Höflichkeit ausgerechnet Wilhelm II. preist, der die französischen Herzöge mit „Monseigneur" ansprach und um die Freundschaft der Franzosen mit den authentischen Worten warb: „Was ich will, ist ein Händedruck, nicht aber, daß man den Hut vor uns zieht." So verewigt der scheinbar egalitäre Begrüßungskuß die Herrschaft der Frau über den Mann.

Michael Jeismann

Jüngste Tage

Die Knechte

Die Jahrhundertwende lag noch keine zehn Jahre zurück, als Hegel im Hinblick nicht nur auf sein eigenes Schaffen, sondern wohl auch auf die Anstrengung des ganzen achtzehnten Jahrhunderts feststellte: „Die theoretische Arbeit, davon überzeuge ich mich täglich mehr, bringt mehr zustande in der Welt als die praktische; ist erst das Reich der Vorstellungen revolutioniert, so hält die Wirklichkeit nicht stand." Das achtzehnte Jahrhundert war also das Jahrhundert der theoretischen Arbeit und gerade darin ein Jahrhundert der Vorbereitung zur Revolution, so jedenfalls erscheint es heute. Ein kurzes Jahrhundert, das frühestens mit dem Tod Ludwigs XIV. im Jahr 1715 begann, vielleicht aber auch erst 1745, als die Académie Française die Preisfrage nach dem Sinn der ungleichen Güterverteilung stellte. Knapp zehn Jahre später spitzte die Akademie in Dijon die Frage auf den Ursprung der Ungleichheit zu. Jean-Jacques Rousseaus Antwort, daß neben der natürlichen Ungleichheit der Menschen eine soziale Ungleichheit bestehe, die durch nichts gerechtfertigt sei, wurde nicht von der Akademie, sondern von der Geschichte prämiert.

Gerade von der Geschichte indessen wollten die Theoretiker nichts wissen oder nur insofern, als sie zum Ursprung führte – der Ungleichheit, der Freiheit, der Empfindungen, der Schrift, des Schönen. So ist die Geistesgeschichte des achtzehnten Jahrhunderts geprägt von lauter Versuchsanordnungen, die an den Beginn aller Geschichte zurückführen sollen, angefangen mit Daniel Defoes Roman „Robinson Crusoe", der 1719 erschien und zu den Erfolgsbüchern des Jahrhunderts zählt. Ohne jede Vorgeschichte setzt auch ein 1773 geschriebener Roman ein, der als eine Art Flaschenpost im neunzehnten Jahrhundert ankam und dessen Botschaft sich wie der Geist aus der Flasche weiter und weiter ausdehnen sollte. Es handelt sich um „Jacques le fataliste et son maître" von Denis Diderot. Der Roman kursierte zunächst in Abschriften, die für die „Correspondance littéraire" des Baron Grimm angefertigt worden waren; Goethe und Schiller waren begeistert. Im Jahr 1792 wurde der ganze Roman ins Deutsche übersetzt. Der französische Text aber war lange verschollen, so daß vier Jahre später aus der deutschen Ausgabe ins Französische rückübersetzt werden mußte. Es ist ein Roman, in dem unaufhörlich geredet wird. Im Medium von Reden und Schreiben geht es nicht mehr allein um Inhalte, nicht bloß um Propaganda und Parteinahme. Ebenso wichtig wird, daß das beständige Räsonieren zu einem eigenen Raum wird, der selbst schon einer anderen, natürlichen Ordnung anzugehören beansprucht. In einem solchen Räsonierraum sollen sich auch Herr und Diener bewegen. Damit dies möglich wird, schickt Diderot Jacques und seinen Herrn auf eine lange Reise. Sie reden über fast alles, was das Jahrhundert diskutierte. Das eigentliche Thema aber, zu dem der Roman seine Helden losschickt, ist das Verhältnis von Herrschaft und Knechtschaft. Daß es Herrn und Knecht überhaupt gibt, ist hier keine Ordnung, sondern bloße Anordnung. Ein Versuch außerhalb der langen Tradition der Herrschaftsbegründungen. Ausgeblendet das erste Buch Mose, in dem Noahs Fluch und Segen seine Söhne in Herren und Sklaven teilt, ausgeblendet die theologische Rechtfertigung der Knechtschaft seit Augustinus. Statt dessen: das tägliche Leben auf Reisen, ein lebenstüchtiger, gewitzter Diener Jacques und ein namenloser Herr, der praktisch von seinem Diener abhängig ist, gleichwohl dauernd die Abhängigkeit des Dieners vom

Herrn zu betonen sucht. Jacques ist überlegen, weil er als Diener mehr tun und können muß als der Herr, der bedient wird. Die Abhängigkeit Jacques' ist die Voraussetzung seiner faktischen Herrschaft, des Herrn formelle Herrschaft ist die Bedingung seiner faktischen Abhängigkeit.

Am Ende schließen sie einen Vertrag, ihren eigenen „contrat social“: Der Herr muß die Überlegenheit Jacques' anerkennen, darf sich aber, diese anerkennend, weiter Herr nennen; er wird später die ausbeutende, nutzlose, nicht arbeitende Klasse verkörpern. Jacques hingegen wäre ein schlechter Fatalist, bliebe er nicht vor allem Jacques – und damit sein eigener Herr. Hegel hat, wie Alexandre Kojève in seinen Vorlesungen in den dreißiger Jahren herausgearbeitet hat, dieses witzig-leichte Spiel Diderots mit den sozialen Ordnungen zum Schlüsselkapitel seiner 1807 erschienenen „Phänomenologie des Geistes“ gemacht und den roten Faden der Geschichte durch „das Nadelöhr der knechtischen Existenz“ (Hanno Kesting) geführt. Marx sollte den Antagonismus von Herr und Knecht zum Movens der Weltgeschichte stilisieren, die Existentialisten bezogen von daher das Pathos des Fürsichseins. Heute suggeriert nicht nur mancher Werbespot, daß die Erscheinung der Unterschiede verschwinde. Theoretische Vorarbeit zu welcher Revolution?

Robert Darnton

Das amerikanische Jahrhundert

Das vorrevolutionäre Frankreich feiert das Wunder einer freien Republik

Ist unser Jahrhundert das amerikanische Jahrhundert? Kaum. Das amerikanische Jahrhundert begann vor dreihundert Jahren und endete im Jahre 1800. Man stelle sich einmal vor, nach 1780 ein Amerikaner in Paris gewesen zu sein. Anstatt sich beim Flanieren auf den Boulevards wegen McDonalds schelten zu lassen, wäre man für die Verteidigung der Menschenrechte gepriesen worden. Wegen seiner unmodischen Kleidung mußte man sich nicht den Kopf zerbrechen, denn man bewies damit ja nur seine Nähe zur natürlichen Ordnung. Sprach man ein Wort falsch aus oder kam mit der Grammatik nicht zurecht, so war das ein Zeichen „wilder" Beredsamkeit. Entging einem eine Anspielung oder verstand man eine schlagfertige Antwort nicht, so war das ein Zeichen für Tugend, vielleicht sogar für den Ernst der Quäker. Kannte man Benjamin Franklin nicht, brauchte man nur einen volkstümlichen Spruch aus „Le Bonhomme Richard" (Poor Richard's Almanac) zu zitieren. Hatte man nie mit Jefferson zu Mittag gegessen, tischte man Geschichten darüber auf, wie man die Briten seiner Heimatstadt verjagt hatte. Unbegrenzt waren die Möglichkeiten, anstelle von Stirnrunzeln ein Lächeln hervorzurufen, denn Frankreichs Faszination durch Amerika war grenzenlos.

Dieser Phantasie, mich als Amerikaner ins achtzehnte Jahrhundert zu versetzen, habe ich einmal nachgegeben, indem ich alle Ausgaben der einzigen damaligen Tageszeitung Frankreichs, „Le Journal de Paris", von 1780 bis 1789 durchlas. Der Renner in den Varietétheatern war 1786 „La Héroine américaine“ im Ambigu-Comique. Die Konkurrenz, Les Grands Danseurs du Roi, gab eine eigene Version desselben Themas, „Le Héro américain“, eine „Pantomime in drei Akten, mit Dialogen, Tanz, Musik und Kampfszenen“, während die anspruchsvollere Comédie Italienne ein „Ballet des Quakers“ auf die Bühne brachte. Soeben hatte „D'Hirza ou les Illinois“ seinen Siegeszug über die Boulevards beendet, doch der Liebhaber indianischer Beredsamkeit – ein bevorzugtes Genre im vorromantischen Paris – kam in der Rubrik „Vermischtes“ seiner Zeitung, wo er echte indianische Oden an die Natur lesen konnte, auf seine Kosten. Mehr noch, in „Le Voyageur américain“ und „Le Cultivateur américain“, die überall im Quartier Latin zu bekommen waren, konnte er kräftige Brocken Irokesisch und Illinois in rousseauistischem Französisch zu sich nehmen.

Und wer einen Blick auf einen leibhaftigen edlen Wilden werfen wollte, brauchte nur an La Fayettes Residenz vorbeizugehen, wo zwei Indianer als Hausdiener zu bewundern waren. Auf Stichen, die überall in den Läden an der rue Saint-Jacques auslagen, konnte man La Fayette bestaunen, wie er unverwandt auf seinen Feind in Yorktown starrte. Auch Washington war für ein paar Pfennig zu kaufen, um ihn neben andere einschlägige Abbildungen aus Sammlungen von Stichen und aus Büchern – Pflanzer in Virginia, Quäker in Pennsylvanien, Walfänger auf Nantucket – an die Wand zu hängen. Benjamin Franklin war allgegenwärtig: In populären Almanachen verkörperte er als „Le Bonhomme Richard“ den gesunden Menschenverstand – ein Staatsmann, der mit seiner Waschbärfellmütze in Versailles mit den Großen verhandelte, und ein Philosoph mit Kahlkopf, der den Blitz am Himmel zähmte oder in der Akademie der Wissenschaften Vorträge über Elektrizität hielt.

Thomas Jefferson, Franklins Nachfolger als Gesandter der neuen Republik, kam nach Paris im Kielwasser einer Flut von Veröffentlichungen über die amerikanische Revolution. In den Buchbesprechungen des „Journal de Paris" konnte man Kostproben aus seinen „Remarques sur la Virginie" finden, daneben Auszüge aus den Memoiren französischer Veteranen des Unabhängigkeitskriegs und gelegentlich aus einem Roman wie „Miss Mac Rea", einer revolutionären Liebesgeschichte. Noch romantischer waren die Frisuren „à la Philadelphie" und „aux Insurgents", die in der Zeitung annonciert wurden und die modebewußte Damen in der Oper und in der Comédie Française trugen.

Für Vorurteile nicht empfänglich

Die modische Begeisterung für alles Amerikanische erreichte solche Ausmaße, daß sie eine Einwanderungswelle in die Neue Welt auszulösen drohte. Franklin und Jefferson erhielten viele Briefe von Franzosen, die wild entschlossen waren, ein neues Leben als Siedler zu beginnen. „Ihr seid geschaffen, für uns Gesetze zu geben", schrieb ein Einwanderungswilliger an Jefferson, „denn für uns seid ihr Männer aus einem Goldenen Zeitalter. Monsieur, Ihr Land ist das gelobte Land ... Wie glücklich wäre ich, in einem so schönen Land zu leben, wo ich Mensch wäre und nicht Sklave wie hier." Jefferson tat, was er konnte, um die utopische Begeisterung herabzustimmen, indem er das wirkliche Leben in Amerika schilderte. Viele Stunden wandte er daran, die Ungenauigkeiten eines Artikels zu berichtigen, den J.-N. Demeunier für die „Encyclopédie méthodique" verfaßte, aber am Ende war er mit dem Ergebnis immer noch unzufrieden: „Er hat vieles, also viel Falsches, aus dem Werk des Abbé Raynal übernommen."

Raynals Bestseller, die mehrbändige „Histoire philosophique et politique des établissements et du commerce des Européens dans les deux Indes", war nur eines von vielen Büchern, aus denen sich die anschwellende Debatte über Amerika und seine Bedeutung für Europa speiste. Franzosen aller Art traten als Amerika-Kenner auf und nahmen, um ihren Argumenten Nachdruck zu verleihen, sogar eine amerikanische Identität an. Jacques-Pierre Brissot schrieb als „Philadelphien", und das Gründungsmitglied der „Société Gallo-Américaine", Hector Saint Jean de Crèvecoeur, als „cultivateur américain", Beaumarchais als „Beaumarchais l'Américain" und Condorcet als „bourgeois de New Haven". Ihre Polemiken – sie waren über fast alles uneins, sogar über die Tugend der Quäker – ließen das Interesse an dem Phänomen, mit dem sie sich befaßten, nur noch wachsen: einer modernen Republik und nicht etwa einer dekadenten Oligarchie oder kommerziellen Autokratie, wie es die Scheinrepubliken von Venedig und Genf waren, sondern einer auf Gleichheit gegründeten Gesellschaft von Kleinbauern, braven Familien – so stellten es sich die Franzosen vor – mit tugendhaften Frauen, vielen Kindern und wohlgefüllten Getreidespeichern.

Von Jefferson angespornt, vertrat Condorcet die realistische Seite der Debatte, und trotzdem hatte auch sein Bild von Amerika utopische Züge. Tatsächlich wurde sein Amerika-Bild in der frühen Fassung seiner Theorie des Fortschritts, die er 1786 in der La Fayette gewidmeten Abhandlung „De l'influence de la révolution d'Amérique sur l'Europe" publizierte, zu einem wichtigen Baustein: „Amerika bietet den Anblick eines weiten Landes, das von mehreren Millionen Menschen bewohnt wird, die dank ihrer Erziehung für Vorurteile unempfänglich sind und eine Neigung zu Studien und zum Nachdenken haben. Keine Unterschiede des Ranges, kein Drang des Ehrgeizes kann diese

Jefferson war für die Franzosen ein Mann des „Goldenen Zeitalters" und Amerika zum Abheben schön

Männer von dem natürlichen Verlangen ablenken, ihren Geist zu vervollkommnen und ihren Verstand nützlichen Forschungen zuzuwenden. Es gibt deshalb allen Grund zu der Annahme, daß Amerika ebenso viele Menschen hervorbringen wird, die sich der Zunahme des Wissens widmen, wie ganz Europa zusammengenommen und in wenigen Generationen die Menge des Wissens und die Geschwindigkeit seines Erwerbs verdoppeln wird. Dieser Fortschritt wird auch in den nützlichen Künsten und den spekulativen Wissenschaften eintreten."

Vom Ende des zwanzigsten Jahrhunderts her gesehen, ist diese Prophezeiung Condorcets leider ziemlich ungenau, und so könnte man die Amerika-Mode im damaligen Frankreich vielleicht als ein Beispiel falschen Bewußtseins abtun, ernst zu nehmen bestenfalls als ein ideologisches Motiv im Vorfeld der Französischen Revolution, nicht aber als eine Darstellung des wirklichen Amerika. Die wirkliche amerikanische Republik hatte das Stigma einer Erbsünde: der Sklaverei, ein Fluch, den die Händler in Nantes und Newcastle-upon-Tyne uns hinterlassen haben und den die amerikanische Verfassung ratifiziert hat.

Dennoch ist die Verfassung ein bemerkenswertes Dokument. Der Grundtext umfaßt nur fünftausend Worte, niedergeschrieben in angespannten Debatten und ohne in dem heißen Sommer des Jahres 1787 den Pferdehandel zu unterbrechen. Immerhin vermochte die Verfassung dreizehn verschiedene Staaten in eine politische Ordnung einzubinden, wodurch ein furchtbarer Bürgerkrieg überstanden werden konnte und die Entwicklung von einem primitiven Agrarland zur stärksten Industrienation der Welt möglich wurde. Die Gründerväter wirken umso eindrucksvoller, je weiter sie in die Vergangenheit entrückt werden. Will man sich ein Bild von ihnen machen, kann man den Briefwechsel zwischenJefferson und Madison lesen. Diese Männer diskutierten über Politik in einer Mischung von handfestem Realismus (Wie konnte man sich aus den europäischen Kriegen heraushalten und trotzdem wirksame Maßnahmen gegen die Piraten der Barbareskenstaaten ergreifen?) und philosophischer Kühnheit (Kann der Gesellschaftsvertrag für künftige Generationen bindend sein?). Kein Präsident seither und sicherlich keiner von denen, die in jüngster Zeit im Weißen Haus residierten, konnte sich intellektuell mit ihnen messen.

Auch die Wähler der Gründerväter verdienen Respekt. Mögen sie auch keine edlen Wilden gewesen sein, so waren sie doch ernsthafte Staatsbürger,vielleicht gebildeter – in Neu-England jedenfalls – als die meisten Amerikaner heute. Eines hatten sie uns freilich voraus: Sie hatten kein Fernsehen. Also las man in jeder Siedlung Zeitungen, diskutierte über alle Fragen, schrieb Briefe an die Redaktion und nahm an Sitzungen der Stadt in den Gerichtsgebäuden teil. Eine große Mehrheit der siebenhunderttausend erwachsenen freien Männer in den dreizehn Staaten nahmen 1787 und 1788 aktiv an den Diskussionen teil, in denen jeder Aspekt der vorgeschlagenen Verfassung erörtert wurde. Es war die größte politische Debatte in der Geschichte der amerikanischen Nation. Noch heute ragt ihr bedeutendstes Ergebnis, die „Federalist Papers“, geschrieben in Höchstgeschwindigkeit in Form von Zeitungsartikeln für ein Dutzend Lesergruppen, als ein Meisterwerk politischer Wissenschaft hervor.

Zu aufgeklärt für die Gegenwart

Am Ende nahmen viele Bürger die Verfassung nur mit Vorbehalten und aufgrund der Zusicherung an, daß sie durch Artikel zum Schutz der bürgerlichen Grundrechte ergänzt würde. Diese zehn „Amendments“, die Madison 1789 dem Ersten Kongreß vorschlug und die als „Bill of Rights“ bekannt geworden sind, verwirklichten viele Grundsätze der Aufklärung, über die Madison mit Jefferson diskutiert hatte. Zwei Jahrhunderte lang hielten sie die Regierung in Schach, hinderten Politiker am Zugriff auf die Presse, hielten Bibelgläubige davon ab, die Religion in die Schule zu tragen, machten es dem FBI unmöglich, Briefe zu öffnen, und der CIA, Telefone anzuzapfen. Ich zweifele, ob die „Bill of Rights“ heute den Kongreß passieren und von den Regierungen der einzelnen Staaten ratifiziert würde. Denn für die Politik in unserem sogenannten amerikanischen Jahrhundert sind diese Prinzipien zu aufgeklärt.

Natürlich ist es widersinnig, einem Jahrhundert ein Etikett aufzukleben und ein Land vor anderen auszuzeichnen. Einen Teil der Verantwortung dafür tragen wir Historiker, denn unsere Art, Geschichte zu schreiben, läuft oft genug darauf hinaus, Hegemonien zu ermitteln. Wer war führend im sechzehnten Jahrhundert? Das habsburgische Spanien und Österreich. Im siebzehnten Jahrhundert? Frankreich. Im achtzehnten und neunzehnten Jahrhundert? Großbritannien und später Deutschland. Amerika blieb es vorbehalten, nach dem Ersten Weltkrieg die Machtbalance zu seinen Gunsten zu verändern. Aber warum soll überhaupt irgendein Land am wichtigsten sein? Diese Denkweise beruht auf einer Auffassung von Geschichte als Wettstreit von Nationen, in dem man immer vorne liegen muß.

Solche Zeitschnitte mögen im Zeitalter des Nationalismus einen gewissen Sinn gehabt haben, im Zeitalter der Globalisierung haben sie es nicht mehr. Wir sollten diesen veralteten Brauch also aufgeben. Doch wenn man einem Land ein Jahrhundert zuordnen möchte und wenn eines der in Frage kommenden Länder die Vereinigten Staaten sind, dann ist meine Wahl klar. Ohne die Bedeutung von Raketentechnik oder Zahnheilkunde, von Getreidezucht und oder computerisiertem Luftverkehr schmälern zu wollen – mein amerikanisches Jahrhundert ist das Jahrhundert der „Bill of Rights“.

Jan Rüdiger

Revolution am Nordwestrand

Dänemark, die Aufklärung und die Einheitsschicht der Besitzenden

Während Frankreich in der Konfrontation zwischen Paris und Versailles so weit erstarrte, daß es schließlich in einem beispiellosen Komplex symbolischer Substitutionen vorübergehend „toise", Gott und König gegen Meter, Höchstes Wesen und „empereur" eintauschte, vollzog sich am Nordwestrand Europas die große Revolution des 18. Jahrhunderts. Das England der Gentleman-Unternehmer, der Dampfmaschinen und „enclosures" ist recht gut bekannt, ebenso seine Opfer in den Baumwollstädten und im schottischen Hochland. Weniger bekannt ist heute, daß neben der atlantischen Doppelmonarchie und der niederländischen Republik auch die nordischen Reiche sich dort befanden, wo die Aufklärer die Spitze des Fortschritts orteten: das schwedische Ostseereich und jene Monarchie, die moderne Historiker etwas hilflos den „dänischen Gesamtstaat" nennen und die den Zeitgenossen einfach „Dänemark" war.

Es ist eines der untergegangenen Reiche, die in Europa durchaus die Regel waren, bevor sich der Kontinent, nach dem bekannten Grillparzerschen Diktum, auf den Weg „von Humanität durch Nationalität zur Bestialität" begab. Seit dem Ende des Mittelalters wurden die Königreiche Dänemark und Norwegen – das die Färöer und Island einschloß – sowie die Herzogtümer Schleswig und Holstein durch dasselbe (oldenburgische) Herrscherhaus regiert. Das dänische Ostseeimperium, das einst bis Estland gereicht hatte, war allerdings in den Kriegen des 17. Jahrhunderts vollständig verlorengegangen, und 1659 annektierte das triumphierende Schweden sogar das östliche Drittel Dänemarks, um es in einem bis dahin beispiellosen Akkulturationsprozeß zum heutigen „Südschweden" zu machen. Ein letzter vergeblicher Versuch, die Ostprovinzen wiederzuerlangen, scheiterte Anfang des 18. Jahrhunderts.

Zentrum des dänischen Restreiches von der Elbe bis zum Nordkap blieb die nunmehr an der Peripherie gelegene Hauptstadt Kopenhagen, in der jeder zehnte Däne lebte (dasselbe Verhältnis, das zwischen London und England-Wales bestand, während in Paris lediglich zwei Prozent der Franzosen konzentriert waren). Die nächstgrößeren Städte – das norwegische Bergen, das schleswigsche Flensburg und das holsteinische Altona – erreichten nur ein Fünftel dieser Größe. Allerdings war Kopenhagen nur der eine Schwerpunkt der Ellipse, in der der Gesamtstaat des 18. Jahrhunderts gravitierte. Hamburg nämlich, wenig größer als Kopenhagen und historisch ein Teil Holsteins, wurde zwar nach einem generationenlangen Rechtsstreit 1768 endlich vom König-Herzog als Freie Reichsstadt anerkannt (was die Stadt einen kräftigen Schuldenerlaß kostete), blieb aber Jütlands südliche Metropole – und wird dem dänischen Reich in politischer Eigenständigkeit eher mehr genützt haben. Die Handelsströme liefen auf die Elbhäfen zu (allen voran die berühmte Ochsendrift, die allerdings ihre beste Zeit hinter sich hatte), jütländische Kleinstädter ließen ihre Kinder in der Hansestadt zur Schule gehen, Oper und Theater, Salons und Kaffeehäuser lockten – Klopstock, der sich mit einer Pension des dänischen Königs in Hamburg niederließ, war nur einer der zahlreichen Literaten, die zwischen den Metropolen pendelten. Der gefeierte Modedichter Jens Baggesen, der in den beiden Literatursprachen des Gesamtstaates gleichermaßen publizierte, beschrieb in seiner literarischen Reise von Kopenhagen nach Basel unter der Überschrift „Die Grenze" tränenreich den Moment der Elbquerung: „Vielleicht betrete ich dich zum letzten Mal, nordische Erde!"

Dort oben vollzog sich ab 1720 die „florissante" Periode, eine von jahrzehntelang erfolgreicher Neutralitätspolitik und ebenso lange ungebrochener Hochkonjunktur getragener Reformära unter dem Dach der formal unumschränkten Monarchie (Enevælde). Auf ihn bezog sich der gesamtstaatliche Patriotismus, etwa bei Gottlieb Ernst Clausen, Rektor des Altonaer Christianeums, der vom Landesherrn gegründeten Gelehrtenschule für Holstein: „Ich freue mich, daß Dänenbluth/In meinen Adern schlägt..." In der Praxis war der Monarch alles andere als allmächtig, was sich in den politischen Richtungswechseln im Staatsrat abzeichnet, die denen im parlamentarischen Britannien in nichts nachstehen und die Jens Arup Seip 1958 in seiner „Theorie über den öffentlichkeitsgesteuerten Absolutismus" auf den Punkt brachte. Was dabei der radikalreformerische Minister Struensee während seiner kurzen Amtszeit 1770–72 vergeblich und die Reventlow-Bernstorff-Reformregierungen ab 1784 erfolgreich praktizierten, fand europaweit Beachtung und ließ den nominell zum Reich gehörigen holsteinischen Südrand der Monarchie der deutschen Gelehrtenrepublik als „eine der aufgeklärtesten Provinzen" erscheinen. Voraussetzung war eine Verbürgerlichung der Adelskultur, die – ähnlich wie in England und Holland – geradezu auf eine neue proprietäre Einheits-Oberschicht hinauslief und deren sinnfälligster Ausdruck die nüchternen, in den Wirtschaftshof integrierten Herrenhäuser waren, die in Holstein, Ostjütland und auf den Inseln zum Standard wurden. Formale Adelsprivilegien hatte die Enevælde längst beseitigt, wenn sie auch in der politischen Praxis weiterhin mit der mächtigen holsteinischen Ritterschaft kooperierte. Ludvig Holberg, umjubelter Polyliterat und federführend bei der

Formulierung einer modernen dänischen Literatursprache, konnte ohne weiteres zwei Landgüter kaufen, ebenso wie Sönke Ingwersen, ein friesischer Handelsgehilfe, der zum Reichsbaron aufstieg. Die berühmteste Erfolgsgeschichte ist die des Heinrich Carl Schimmelmann, eines Pommern, der sich als Kommissär im Siebenjährigen Krieg an der preußischen Plünderung der Meißner Porzellanmanufaktur gesundgestoßen hatte, bevor er im Gesamtstaat seine Karriere machte, die über den atlantischen Dreieckhandel – Dänemark besaß ein kleines, aber feines Kolonialreich in Indien, Guinea und der Karibik – und Baumwollmanufakturen, die von der hamburgischen Zollgrenze profitierten, an die Spitze des Schatzamtes führte.

Das Interesse von Ministern, Investoren und Aufklärern konzentrierte sich auf den boomenden Agrarsektor. Die ersten Gutsherren begannen in den 1730ern mit der Aufhebung der Leibeigenschaft zu experimentieren; 1782 erfolgte die Abschaffung des dänischen Schollenbandes, die zeitweilig an die Stelle der schon 1702 aufgehobenen Erbuntertänigkeit getreten war; 1805 verschwand die Leibeigenschaft aus dem letzten Reichsteil. (Der Platz der Stein-Hardenbergschen Reformen in unseren Geschichtsbüchern ist nicht zuletzt ein Nachklang borussischer Nationalgeschichte.) Da war die Hälfte der dänischen Bauern bereits Hofeigentümer. Die Einführung persönlicher Freiheit für die begüterten Bauern – bei gleichzeitiger bewußt in Kauf genommener Pauperisierung der ländlichen Bevölkerungsmehrheit – war ein durchschlagender Erfolg, nicht zuletzt publizistisch: Johann Heinrich Voß, der damals im Holsteinischen die Klassik ins Hoch- und ins Niederdeutsche übertrug, verbreitete in seinen Idyllen das Bild vom glücklichen Bauern und „unserm lieben Herrn“. Europaweit beachtetes Paradestück der Reformen war das von humanitären Pamphleten und Medaillenemissionen flankierte Sklavenhandelsverbot von 1792, das zwar (was weniger publik gemacht wurde) den Unternehmern eine zehnjährige Übergangszeit einräumte, den englischen Philanthropen aber durchaus Rückhalt verschaffte: Großbritannien verbot den Sklavenhandel fünfzehn Jahre später.

Die von der Gutsbesitzermehrheit und vielen aktiv partizipierenden Bauern getragenen Reformen brachten, sekundiert durch die aufklärerische Presse- und Lesezirkellandschaft (darunter Schimmelmanns Wandsbeker Bote), in kürzester Zeit die jahrhundertelang erfolgreiche ländliche Wirtschaft und Lebenswelt zum Einsturz. Massiv gefördert durch die Kopenhagener Reformregierungen, die sich dafür in Wort und Stein feiern ließen, wurden die alten Gemarkungen, die nach dem Prinzip des Fruchtwechsels organisiert waren und mit ihren Gemeinweiden auch den Landlosen ihren Platz gelassen hatten, aufgehoben und „verkoppelt"; die nördlich der Elbe charakteristische Knicklandschaft entstand. Selbst die Dörfer und ihre Gemeinschaften verschwanden, zwar nicht so vollständig wie in den zeitgleichen schwedischen Reformen, doch auf den Ostseeinseln wurden knapp die Hälfte aller Höfe aufgelassen und als Einzelhöfe neubegründet. Die Krone hatte ihr eigenes Land fast vollständig privatisiert; die insgesamt etwa zu halben Teilen gutsherrliche und bäuerliche Eigentümergesellschaft war nun durchweg marktabhängig und ging so den Agrarkrisen des kommenden Jahrhunderts entgegen.

Gleichzeitig endete die achtzigjährige dänische Neutralitätspolitik unter Nelsons Kanonen. Am Ende der napoleonischen Zeit war der dänische Staat bankrott und um Norwegen ärmer, das 1814 an Schweden ging. Es blieben Dänemark und die Herzogtümer, wo sich unter der schimmernden Oberfläche der hierzulande „Goldalter" genannten Biedermeierzeit das Ende der Monarchie ankündigte. Die nationalen Phantasmagorien reichten nun „bis an den

Belt", und nach einem ersten Bürgerkrieg 1848/50 wurde dieses Programm 1864 im preußendeutschen Sinne verwirklicht, worauf sich Dänemark dem nunmehr zum politischen Konzept werdenden Skandinavien anschloß. Heute ist es fast unmöglich geworden, auch nur eine Atlas- oder Reisekarte zu finden, die den Gesamtstaat zwischen Hamburg und Skagen auf einen Blick abbildete. Das 19. Jahrhundert hat die Scheide zwischen Nord- und Mitteleuropa nachdrücklich um zweihundert Kilometer nordwärts verschoben. Eine der letzten sichtbaren Grenzen des sich vereinenden Europa, die Nordgrenze des Schengener Abkommens, läuft weiterhin quer durch das einstige Musterreich.

Christian Geulen

Jedes zu seiner Zeit

Alles läuft nach Plan und die Unvernunft macht Geschichte

Hätte die Vernunft früher als heute ihren Siegeszug angetreten, stellt Turgot 1752 fest, hätte es nie einen Fortschritt in der Weltgeschichte gegeben. Da die Vernunft die Gerechtigkeit selber ist, hätte sie allen Krieg und Raub verhindert und die Völker auf ewig voneinander getrennt gehalten. Ein Volk aber, das sich dem Anderen und Fremden nicht aussetze, bleibe „in der Mittelmäßigkeit stecken", wie es etwa in China der Fall sei. Und was mittelmäßig, mithin noch nicht vollkommen ist, dürfe niemals endgültig festgelegt werden. Bevor also die Vernunft den ewigen Frieden schafft, muß die Unvernunft zunächst Geschichte machen. Alles zu seiner Zeit. Das ist die Grundidee des Fortschritts.

Turgots Argument funktioniert wie eine Maschine: Vorne steckt man Krieg, Raub und die Kolonisierung fremder Völker hinein, und hinten kommen Vernunft, Fortschritt und ewiger Friede heraus. Und ebendas gilt als der „natürliche" Lauf der Dinge. So natürlich wie jene berühmte Ente, die der französische Ingenieur Vaucanson um 1740 der europäischen Öffentlichkeit präsentiert und die nicht nur so aussieht, sondern sich auch so fließend bewegt wie ihr natürliches Vorbild, schnattert, Futter aufnimmt und es sogar verdaut. Dieses Verständnis einer gestellten „Natur" liegt auch jenem neuen Begriff der „Naturvölker" zugrunde, mit dem die Gelehrten des achtzehnten Jahrhunderts ebenjene Fremden und Anderen bezeichnen, die ihren Beitrag zum menschheitlichen Fortschritt laut Turgot dadurch leisten, daß sie erobert werden. Ebenso wie die Natur sind auch diese Naturvölker Teil der Mechanik des aufgeklärten Weltbilds. Diese Mechanik hat den Vorteil, der Welt a priori eine Ordnung zu verleihen und selbst das Unbekannte in noch nicht Bekanntes umzuschaffen. Auf den Weltkarten verwandeln sich die unheimlichen Terrae incognitae in weiße Flecken, zum „selber Ausmalen" freigelassen. Die „Wilden", die dort wohnen, werden zum Archetypus der eigenen Herkunft. Die Systematik der Naturgeschichte entwirft das Tableau der Welt, auf dem alles in der Form eines bereits gesicherten oder aber möglichen Wissens vorab seinen Ort hat. Von allen bis dahin geltenden Formen der Weltaneignung unterscheidet sich dieses „Wissen" dadurch, daß es in seiner faktischen Begrenztheit prinzipiell unendlich ist. Das ist die genaue Umkehrung einer religiös gedachten Welt als dem Reich Gottes, das zwar faktisch unbegrenzt ist, aber einem sehr prinzipiellen Ende entgegensieht.

An die Stelle dieses grenzenlosen Schöpfungsplans setzen die Gelehrten jetzt die unendlichen Unterscheidungen. Alles wird klassifiziert, katalogisiert und kategorisiert: die Natur, die Völker, die Begriffe. Dem aufgeklärten Zweifel an der göttlichen Genesis geht die Aufklärung über ihren genauen Zeitpunkt voraus: 23. Oktober 4004 vor Christi, 9 Uhr vormittags. Erst durch solches Ein- und Zuordnen, vom Verstand vollzogen, kann auch die Natur plötzlich als etwas erscheinen, das ohne den Menschen, ohne seinen Verstand oder seinen Glauben da ist. Weil Vaucanson es fertig bringt, seine Ente zu konstruieren, erweist sich auch die wirkliche Ente als ein nach Naturgesetzen funktionierendes Wesen und damit als Objekt eines Wissens, einer Wissenschaft.

Und so werden auch jene Wilden, Halbwilden und Affenmenschen, von denen die Reisenden berichten, ohne Schwierigkeit in die klassifizierende Systematik aufgenommen. Der Topos vom „guten Wilden“ entsteht, der uns zeigen soll, wo wir herkommen. Auch die körperliche und kulturelle Andersheit dieser „wilden Rassen“ stellt kein wirkliches Problem dar. Das Zauberwort heißt „Klima“. Für Montesquieu etwa ist alle Geschichte eine Geschichte des Wetters: „Kalte Luft strafft, warme Luft erschlafft.“ Daraus läßt sich die Unempfindlichkeit der Russen ebenso wie die Trägheit der Afrikaner erklären. Nur die Europäer, Bewohner des „gemäßigten Klimas“, sind wetterlose Völker; darum spielen bei ihnen Vernunft und Geschichte eine größere Rolle. Auch der Naturhistoriker Graf Buffon erklärt Aussehen und Kulturlosigkeit der Afrikaner durch ein Klima, das sie verbrannt und daran gehindert habe, sich zu vervollkommnen. Ein echtes Problem stellen allerdings die nordamerikanischen Völker dar, leben sie doch in einem gemäßigten Klima und dennoch ohne Kultur. Entweder wollen sie sich nicht vervollkommnen, was sie in den Augen mancher Gelehrter besonders verachtenswert erscheinen läßt, oder aber, wie Buffon mutmaßt, sie haben sich „erst neulich in diesen Breiten niedergelassen“.

Als immer schon verstandene Fremde dienen die Wilden der enzyklopädischen Wahrnehmungsmaschine dann auch als Projektionsfläche für die politischen Träume der europäischen Aufklärung. Zunächst literarisch, etwa in Person des Persers Usbek aus Montesquieus „Lettres persanes“, der nach Paris kommt, um voller Heimweh seinem Befremden in der Stadt des Sonnenkönigs Ausdruck zu verleihen und detailliert die Unvernunft der absolutistischen Regierung ebenso wie die Heuchelei der Kirche zu beschreiben. Was als Satire einer Gesellschaft im Blick des Anderen beginnt, endet im Nirgendwo. Usbek verliert sich zwischen den Welten. An seine neue Heimat kann er sich nicht gewöhnen, und in seiner alten bricht die Revolution aus. Im persischen Serail übernehmen am Ende die Frauen die Herrschaft mit den Argumenten der Aufklärung. „Ich habe Dich betrogen", schreibt Usbeks Lieblingsfrau, kurz bevor sie sich das Leben nimmt, in ihrem letzten Abschiedsbrief an den Gatten im fernen Paris, „ich habe Deine Gesetze nach den Gesetzen der Natur abgeändert."

Die fremde Kultur, in deren Spiegel Montesquieu den Absolutismus kritisieren wollte, gerät ihm ebenso korrupt wie das dekadente Paris, weshalb er die naturnotwendige Revolution, als deren Vordenker er gilt, in den Orient auslagert. Letztlich gibt es den Fremden, das Andere nicht, sondern nur die Natur, die sich ihr Recht schafft.

Auch dem wirklichen Fremden, der 1770 in Person des Tahitianers Aotourous von Bougainville nach Paris gebracht und in den Salons herumgereicht wird, verweigern die Pariser seine Fremdheit. Es wird kein Bericht über diesen „Wilden in Europa" verfaßt, der nicht Plagiat literarischer Vorbilder wäre. Er ist der gute Wilde aus dem Paradies, nach dem er sich zurücksehnt – er ist und bleibt Freitag. Das ist die umfassende und wirklich universale Integrationsleistung der Aufklärung: als Vorstufen der eigenen Vervollkommnung sind die Anderen schon einbezogen, noch bevor sie als Andere, als Fremde auftreten. Die Menschheit als Gattung geht dem Menschen als ein Gegenüber voraus. Für Kant war es keine Frage, daß die Afrikaner Menschen sind; auch wenn ihre Fähigkeit zu Gefühlen „nicht über das Läppische" hinausginge. Demgegenüber aber sei jemand, der lügt, egal wie er aussehe, nur mehr „eine täuschende Erscheinung vom Menschen" und im Prinzip „von noch geringerem Werth, als wenn er blos Sache wäre". Sein Menschsein kann ein Individuum also nicht erwerben, wohl aber verlieren.

Die große Gegenbewegung, die Kritik an diesem Universal-Panoptikum, setzt am Ende des Jahrhunderts ein. Herder bestreitet den Fortschritt und die Bedeutung des Klimas und setzt Realgeschichte an ihre Stelle. Statt der Ordnung

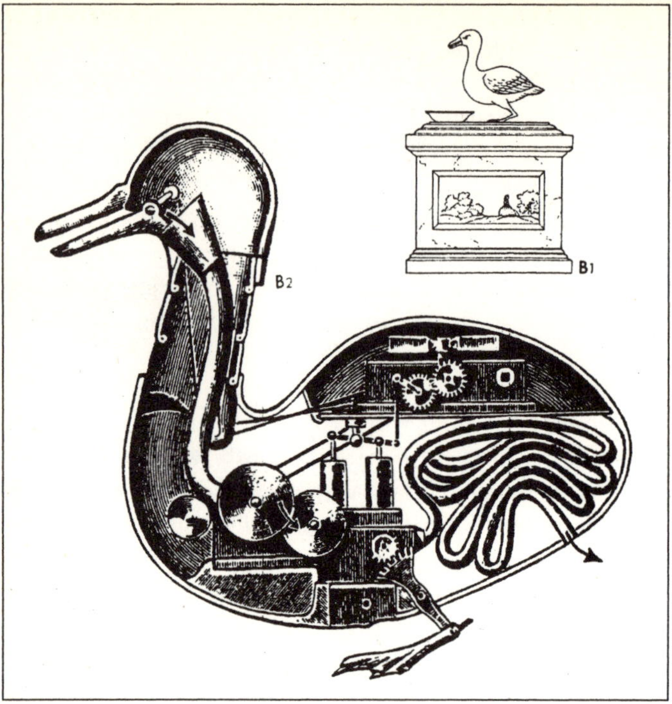

Die künstliche Ente Vaucansons:
Das Sinnbild der maschinellen Vernunft fand Goethe schon federlos und mit gestörter Verdauung

wird das Geordnete, das Faktische, interessant. Die lebende Ente funktioniert doch anders als ihre mechanische Rekonstruktion, denn sie besteht aus Zellen. „Rasse“ ist nicht mehr Beschreibungskategorie, sondern meßbares Merkmal. Die Rasse der Afrikaner etwa ist doch anders Mensch als wir es sind, man muß sie genauer untersuchen: die Anthropologie wird zur Ethnologie. Als Lamarck die erste Evolutionstheorie entwirft, ist der Wilde nicht mehr Archetypus, sondern wirklicher Vorfahre. Damit wird auch Rückentwicklung denkbar und Degeneration ein wichtiges Schlagwort. Der Fremde ist jetzt wirklich fremd, also verwandt, fast gleich, und doch anders. Nicht weil er als Anderer erkannt, geschweige denn anerkannt würde, sondern weil er sich als ein echter Verwandter erweist, muß seine Fremdheit wissenschaftlich, am besten organisch, begründet werden.

Die Biologie tritt an die Stelle der Mechanik. Wie zum Hohn findet Goethe 1805 im Hause eines verschrobenen Physikers in Helmstedt Vaucansons Ente wieder: „In den jämmerlichsten Umständen, unbefiedert, als Gerippe, fraß sie den Haber noch ganz munter, verdaute jedoch nicht mehr." Und der Androide, der Maschinenmensch, ist spätestens bei E.T.A. Hoffmann eine unheimliche Figur geworden.

Im Fortschritt des neunzehnten Jahrhunderts hat nicht mehr alles seine Zeit, sondern alles ist im zeitlichen Wandel begriffen. Diese kleine, aber bedeutende Verschiebung hat ihren Ursprung im Übergang von der großen systematischen Theorie-Maschine der Aufklärung zur kontingenten Welt der wissenschaftlichen, der wirklichen Fakten. Allein Goethe schlug, etwa zur selben Zeit, als er in Helmstedt die berühmte Ente wiederfand, einen dritten Weg vor: „Das Höchste wäre: zu begreifen, daß alles Faktische schon Theorie ist."

Frankfurter Anthologie

Redaktion: Marcel Reich-Ranicki

JOHANN CHRISTIAN GÜNTHER

Er klaget gegen seinen Freund

O laß dich doch nur nicht die kleine Müh verdrießen!
Die Zeilen, so von mir durch deine Feder fließen,
Verhindern den Begriff der allzuschweren Noth;
Sonst kann ich doch nichts thun, als Klagelieder schreiben,
Und sonsten stillt mich auch kein ander Zeitvertreiben,
Es wäre denn der Tod.

Jch bin schon reif dazu, sowohl an Kreuz, als Jahren,
Und kaum der zehnde Greis kann so viel Müh erfahren,
Als mir schon um den Lenz des Lebens Haß gebiehrt.
Jch leugne nicht die Schuld der oft verdienten Schläge,
Jedoch, wo lebt ein Mensch, den auf dem Tugendwege
Nicht Fleisch und Blut verführt?

Ein ieder, heists, vermag sein Glücke selbst zu machen,
Wer Welt und Ursprung kennt, der wird des Sprichworts lachen:
Die Ordnung der Natur setzt iedem Maaß und Zeit,
Sie lenkt Gemüth und Herz, so wie Verstand und Wollen,
Und macht, wenn Glück und Fall das Schauspiel ändern sollen,
Der Sitten Unterscheid.

Drum Thoren, hört doch auf, mein Leben zu verhönen,
Jch such an mir ja nicht die Fehler zu beschönen,
Sie bleiben, was sie sind, an allen, wie an mir,
Nur dieß verlangt mein Herz, ihr sollt nicht spöttisch richten,
Und über meinen Schmerz ein hönisch Liedchen dichten,
Jch bin ein Mensch, wie ihr.

Mein Hoffen hat nunmehr nicht einen Funken Zunder,
Und was mich retten soll, das braucht kein schlechtes Wunder,
Hier ist kein Weg zur Flucht, es sey denn aus der Welt,
Wer noch was ändern kann, der mag die Großmuth nützen:
Sind Arm und Hände weg, den Körper zu beschützen;
So gilt nunmehr kein Held.

Jch weiche von der Last der äußersten Beschwerden,
Und müh mich auch nicht mehr um Mittel loß zu werden,
Jndem ich wie ein Schiff mir selbst gefährlich bin;
So wirft ein Steuermann, weil Mast und Anker springet,
Und Salz und Schaum bereits durch tausend Spalten dringet,
Kompaß und Hoffnung hin.

Verübelt mir mein Freund die Zagheit blöder Sinnen;
So such er einen Trost, mein Herze zu gewinnen.
Die Unruh, so es fühlt, ist fast nicht auszustehn;
Jch wäre seiner Kunst, ich weiß nicht was, verbunden,
Beredt er mich nur dieß von diesen bösen Stunden:
Sie werden auch vergehn.

Hans-Jürgen Schings

Pure Notrufe

Über: *Johann Christian Günther,*
Er klaget gegen seinen Freund

Ein Gescheiterter diktiert seinem Freund ein Klagelied in die Feder. Konkreter, unmittelbarer kann er seine Lage nicht aussprechen als in solcher Mittelbarkeit. Sie ist hoffnungslos.

Der barocke Alexandrinervers – sechshebig, mit festliegendem Einschnitt in der Mitte – errichtet ein stählernes Gehäuse, das Sprache und Argumente wuchtig in Form bringt. Günther, der Spätling der schlesischen Barockdichtung, der von 1695 bis 1723 lebte, benutzt ihn, als griffe er nach einem Halt. Doch der versagt. Die halbierten Alexandriner am Ende jeder Strophe gleichen Abstürzen. Sie sind pure Notrufe. Wer seine Klage in Gedichtform faßt, sucht, weiß und verkündet üblicherweise Trost. „Sey dennoch unverzagt. Gieb dennoch unverlohren."

Die Verse Paul Flemings lagen auch Günther im Ohr. Stoisch stellen sie sich über die Schläge des wankelmütigen Glückes, graben sich in die Festung des eigenen Ichs ein, nehmen sie das Verhängnis an. Oft hat auch Günther so geklagt, gedichtet und sich Trost eingeimpft. In unserem Gedicht allerdings greifen die alten Muster nicht mehr. Eine unerhörte, durch nichts mehr gehemmte Trostlosigkeit breitet sich aus. Was bleibt, ist nur noch die „Zagheit blöder Sinnen", das heißt: die Angst der schwachen, furchtsamen, feigen – das meint „blöden" – Kreatur. Auch dazu hat man ganz anders geartete, berühmte Verse im Ohr: „Feiger

Gedanken/Bängliches Schwanken... Wendet kein Elend, / Macht dich nicht frei."

Der Dichter Günther ruft aus der Tiefe seines persönlichen Unglücks. In Lauban, 1720, durchlebt er die schwärzeste Phase – vom Vater verstoßen, krank und abgerissen, in einer Bodenkammer, im Armen- und Siechenhaus kümmerlich sich fristend, von seinen Feinden noch immer mit Spott und Hohn überzogen. Hier entsteht das Gedicht. „Verzweifeln will ich nicht, mein Elend hat Vernunft", hatte er sich oft genug eingeschärft. Damit ist es jetzt vorbei. Die Vernunft findet keine Gründe mehr, die das Elend abfedern könnten.

Das „Kreuz" der frühen Jahre eine Strafe für „Schuld" und „Fehler"? Gern beruft sich Günther sonst auf Leibniz und Wolff, die metaphysischen Gewährsleute für die beste aller möglichen Welten, die auch Unglück und Geduld noch zieren. Hier gibt es nur mehr eine eherne „Ordnung der Natur", die über dem „Schauspiel" waltet und mit „Glück und Fall" auch die Moral („Der Sitten Unterscheid") zuteilt. Ein Trost ist das nicht mehr, bestenfalls ein Argument gegen die Moralrichter (und den eigenen Vater). „Ich bin ein Mensch, wie ihr" – nicht weit ist dann der Ausruf: „O daß ich doch gebohren bin!" Das Gegenteil wäre besser.

Hoffnung und Großmut? Inständig beschwört Günther sonst die Tugenden der Leidabwehr, die christliche und die stoische. Hier werden sie buchstäblich zertrümmert. Keines der alten Trost- und Widerstandsexempel eilt zur Hilfe, weder der fromme Hiob der Bibel noch der großmütige Weise der antiken Abhärtungslehre. Wenn erst „Arm und Hände" weggeschlagen sind, bricht jeder Widerstand zusammen. Katastrophale Metaphern besiegeln die Kapitulation. Zum Bild des verstümmelten Körpers gesellt sich die Schiffbruchsallegorie. Selbst der Tasso Goethes klammert sich zuletzt noch „am Felsen fest, an dem er scheitern sollte". Der

Scheiternde hier hat keinen Ballast mehr aufzugeben, um freizukommen („Mittel loß zu werden"). Er muß „Kompaß und Hoffnung" hinwerfen. Er überläßt sich dem Untergang.

Johann Christian Günther: „Werke". Herausgegeben von Reiner Bölhoff. Deutscher Klassiker Verlag, Frankfurt am Main 1998. 1596 S.

Albrecht Kunkel

Formelbuch

Vorname *sapiens* Zuname *Homo*

Sir Hans Sloane (1660 bis 1753), prominenter Londoner Arzt und Nachfolger von Isaac Newton als Präsident der Royal Society, brachte allein von einer Jamaica-Reise gut 800 in Europa unbekannte Gewächse mit. Seine Herbarien und Kollektionen bildeten den Grundstock des British Museum. Noch eingehender erkundete Johann Jakob Dillenius (1687 bis 1747) aus Darmstadt die Flora in der Umgebung von Gießen. Die Ausbeute waren ein Katalog von rund 980 höheren Pflanzen, 200 Moosen und 160 Pilzen sowie – nach einer Monographie über britische Sträucher – der erste Botanik-Lehrstuhl an der Universität Oxford.

Das waren Vorbilder für Carolus Linnaeus (1707 bis 1778) vom Hof Råshult in Småland. Schon mit acht Jahren hatte er sich den Spitznamen „der kleine Botaniker" erworben. Aber mit bloßem Sammeln war es zu der Zeit nicht mehr getan. Wie Übersicht über den Reichtum der Vegetation zu gewinnen sei, hatte Linnaeus bereits 1735 in „Systema Naturae" dargelegt. Mit seinem 1753 publizierten Werk „Species Plantarum" und der fünften Auflage der „Genera Plantarum" von 1754 (Erstausgabe ebenfalls 1735) schuf er die Grundlagen der modernen biologischen Systematik, der Kriterien für die Beschreibung von Organismen und der eindeutigen Benennung aller Lebewesen.

Linnaeus, seit seiner Nobilitierung 1761 Carl von Linné, hatte die Zahl der Genera allerdings nur auf einige tausend geschätzt. Deshalb mußten seine Kategorien immer weiter untergliedert werden. Außerdem erwies sich, zumal nachdem Charles Darwin (1809 bis 1882) seine Evolutionstheorie vorgelegt hatte, daß große Ähnlichkeit in der Gestalt von Lebewesen nicht unbedingt enge Verwandtschaft bedeutet.

Besonders schwierig ist es freilich, Fossilien einzuordnen und Stammbäume zu konstruieren. Das zeigt sich gerade am Menschen. Zwar hatte Linné uns erstmals 1766 unter der Bezeichnung Homo sapiens neben Schimpansen und Orang-Utans in die Ordnung Herrentiere/Primates gestellt. Aber was von den ausgegrabenen Knochen und Zähnen an welcher Stelle in unsere Ahnenreihe gehört, das beschäftigt die paläanthropologische Forschung mehr denn je.

Roy Porter

Gefährlicher Ideenandrang

Eine Frage der Disziplin: Das aufgeklärte Zeitalter, der Wahnsinn und die Moraltherapie

Der Mensch, von dem man am ehesten annehmen sollte, sein Geist sei imstande, sich über die irdischen Gebrechen des Körpers zu erheben, ist gewiß der Philosoph. Ist nicht schon in der Tradition der Stoa seit Mark Aurel der Akt des Philosophierens selbst immer zugleich auch eine Unabhängigkeitserklärung der Rationalität gewesen? Wie aber ergeht es einem Philosophen, wenn er krank wird? Im achtzehnten Jahrhundert hat ein Mann, dem solches widerfuhr, die Rationalität in eine neue Richtung gelenkt.

Der Schotte David Hume, der später Kant aus seinem „dogmatischen Schlummer" erwecken sollte, war Ende Zwanzig, als seine Karriere in eine Krise geriet. Er gab das Studium der Rechte auf und steuerte auf die unruhigen Gewässer der Philosophie hinaus. Eine Zeit lang betrieb er seine Studien mit fieberhaftem Eifer, doch dann überkamen ihn Erschöpfung und Überdruß. Er versuchte zu arbeiten, aber im Frühjahr 1730 befielen ihn heftige körperliche und seelische Beschwerden. In ebendieser Zeit schlug sich Hume mit seinem waghalsigen Projekt einer Erfahrungswissenschaft des Ich herum, wandte sich von einer Philosophie der ersten Prinzipien ab und untersuchte statt dessen mit unbeirrbar redlicher Skepsis, wie sich die verschiedenen Sinneseindrücke auf das Bewußtsein auswirkten. Es waren diese Studien, die ihn schließlich zu seiner „Abhandlung über die menschliche Natur" führten.

Hume geriet in eine geistige Verwirrung, mochte jedoch nicht glauben, daß sein Leiden allein vom Kopf ausgehe, denn daraus hätte man auf einen bestürzenden Verlust an Selbstbeherrschung schließen müssen. Sein Arzt ließ sich nicht täuschen: „Er lachte mich aus und sagte, ich würde nun auch zur Bruderschaft gehören, hätte mir die Krankheit der Gebildeten geholt." Ihm wurde eine „Kur aus Magenbitter und antihysterischen Pillen", außerdem Rotwein und Reiten verordnet.

Achtzehn Monate lang ging es mit Humes Gesundheit auf und ab. Aber an eine Geistes- oder Persönlichkeitsstörung wollte er nicht glauben, dann wäre er nämlich entweder verrückt gewesen oder er hätte sich verrückt stellen müssen. Er konnte jedoch nicht verbergen, daß sein Leiden auch eine psychische Dimension hatte. Am ehesten, so notierte er, lasse sich sein Zustand mit den sonderbaren Krankheiten religiöser Mystiker vergleichen: „Sofern sie ihre Seelenlage schildern", erwähnten sie „immer wieder eine Kälte und Abwesenheit des Geistes." Im Jahr 1734 wurde es ihm zu viel. Er half sich selbst, indem er einem Arzt die Geschichte seiner Beschwerden in einem langen, aufschlußreichen Brief offenbarte. Hume schrieb sich seine Nöte von der Seele, heilte sich vielleicht sogar selbst, indem er den „Arzt" als provisorisches Gegenüber benutzte, und entdeckte obendrein die wahre Macht des Geistes über die Materie – nicht in dem stoischen Sinne distanzierter Beherrschtheit, sondern in der Psychologie des Glaubens. Hume fand sich selbst, kam von nun an mit seinen Gemütsaufwallungen zurecht und erfreute sich während seines weiteren Lebens stets guter Gesundheit.

Man könnte wohl behaupten, daß der von ihm selbst sehr aufmerksam beobachtete psychische Zusammenbruch das philosophische Temperament Humes und sein philosophisches Credo entscheidend geprägt habe. Sein Zusammenbruch war ein Beweis für die Gebrechlichkeit der reinen Vernunft. Das Denken konnte sich von der Sinnesempfindung nicht freimachen, und diese Sinnesempfindung wurzelte im Körper. Der Nervenzusammenbruch wird Hume davon überzeugt haben, daß sein philosophisches Projekt – das Problem der Identität durch die Untersuchung der Sinnesempfindungen zu lösen – ebenjene Art von morbider Introspektion hervorbrachte, die ihn krank machte. Philosophie wurde zur Autobiographie. Aus seiner Krankheit ging Hume nun aber als ein Philosoph neuen Schlages hervor, und sein Fall weist bemerkenswerte Ähnlichkeiten mit dem Nervenzusammenbruch John Stuart Mills fast hundert Jahre später auf, der aus einem wissenschaftlichen Utilitaristen einen libertären Individualisten machte.

So zeigt uns Hume, der Held der schottischen Aufklärung, die Anschauungen der Aufklärung über den Wahnsinn in neuem Licht und liefert zugleich eine Kritik an einigen modernen Urteilen über die Rationalität der Aufklärung. Das „Zeitalter der Vernunft“ hat in den letzten Jahrzehnten eine schlechte Presse gehabt. Max Horkheimer und Theodor W. Adorno behaupteten, die Aufklärung sei „totalitär“, ihre buchhalterische Rationalität verordne der Gesellschaft ein „verwaltetes Leben“. In neuerer Zeit hat Michel Foucault die These vertreten, auch wenn die Freiheit eine zentrale Stelle in der Rhetorik der Aufklärung einnehme, laufe deren wahre Logik doch auf „Kontrolle und Herrschaft und nicht auf Emanzipation“ hinaus. Für Foucault mündet die

Einstellung des achtzehnten Jahrhunderts zur Geisteskrankheit in eine „große Einschließung“: Die einst bedeutungsvolle Stimme des Wahnsinns sei von der Vernunft zum Schweigen gebracht worden. Aber solche Ansichten sind allzu simpel. Es lohnt sich, genauer hinzusehen.

Das achtzehnte Jahrhundert kannte verschiedene Modelle zur Erklärung des Wahnsinns. Geisteskrankheit war oft als etwas Außernatürliches oder Diabolisches diagnostiziert worden. Mit dem Aufkommen des Rationalismus wurden solche religiösen Anschauungen durch neue naturalistische und medizinische Theorien ersetzt. Manie und Melancholie, so argumentierten die Ärzte nun, würden nicht von übernatürlichen Kräften hervorgerufen, sie entstünden vielmehr im Inneren des menschlichen Körpers. Außerdem verlor auch der alte „Humoralismus“, die bis in die Antike zurückreichende Lehre von den Körpersäften, in dem Maße an Boden, wie die „neue Wissenschaft“ ein mechanistisches Modell des Körpers entwarf und dabei statt des Flüssigen das Feste in den Vordergrund rückte. Dies hatte zur Folge, daß die Idee der „Geisteskrankheit“ im strengen Sinne in den medizinischen Schriften der Zeit zwischen 1680 und 1750 fast zu einem Widerspruch in sich wurde. Daß der Geist erkranken könne, wurde nun praktisch ausgeschlossen. Statt dessen wandten sich die Ärzte auf der Suche nach einer Erklärung für den Wahnsinn dem Körper zu.

In diesem für Hume so tröstlichen Lösungsvorschlag blieb die Seele unberührt. Im Bemühen, die Ätiologie des Wahnsinns zu erläutern, behaupteten die Ärzte nun, Geistesstörungen erwüchsen aus organischen Defekten. Vor dem Hintergrund der aufkommenden Neurologie führte man Wahnvorstellungen vor allem auf Nervenschäden zurück. Diese und andere organische Deutungen blieben bis zur Mitte des achtzehnten Jahrhunderts vorherrschend. Danach kam es zu einem einschneidenden Theoriewandel – teilweise

Der unglückliche William Norris verbrachte Jahre seines Lebens in Ketten in einer Zelle des Londoner Irrenhauses Bedlam. Stich von G. Arnald, 1815

bedingt durch das Aufkommen von philosophischen Systemen, die die Wahrnehmung äußerer Objekte empirisch oder sensationalistisch erklärten, wie es Locke, Condillac und vor allem Hume vorgemacht hatten.

In diesem Sinn entwickelte Humes Freund William Cullen, Dekan der medizinischen Fakultät der Universität von Edinburgh, ein stärker psychologisch geprägtes Modell des Wahnsinns. Grundsätzlich definierte er Geisteskrankheit als nervöse Störung; aber zugleich war sie seiner Ansicht nach auch eine „ungewöhnliche, meist vorschnelle Verknüpfung von Ideen", die „Fehlurteile" hervorbrachte. So konnte er die Geisteskrankheit auf der Grundlage einer dynamischen Neurophysiologie als seelische Störung betrachten. Die Anschauungen der Zeit nach 1750 verlangten nach einer neuen Form von Psychotherapie. Die Lösung lag im „moral management", in der „moralischen Behandlung" – „moralisch" insofern, als sich die Therapie an den Verstand und nicht bloß an den Körper richtete; und „management" oder „Behandlung", weil der Irrenarzt bei der Aufrechterhaltung und Durchsetzung von Disziplin einige Findigkeit an den Tag legen mußte.

In Großbritannien lenkte der „Wahnsinn" Georgs III. die Aufmerksamkeit auf psychische Störungen. Vor dem Hintergrund der Umwälzungen, die die Französische Revolution mit sich brachte, illustrierte der Wahnsinn des Königs die Zusammenhänge zwischen dem Zeitalter der Vernunft und den Theorien über die Geisteskrankheit: Das neue psychologische Denken traf auf eine reformierte Praxis. Das Stichwort war „moralische Therapie" und bezeichnete eine Bewegung, die einen menschenfreundlicheren Umgang mit Anstaltspatienten propagierte.

Das Bild hellt sich auf

Ein Pionier auf diesem Gebiet war der Florentiner Arzt Vincenzo Chiarugi. Seine Theorien kreisten um das Problem, wie verschiedene Körperbefindlichkeiten den Geist über die Sinne beeinflußten. Er vertrat die typisch aufklärerische Ansicht, seelische Leiden seien erworben und nicht angeboren, und hegte deshalb große Hoffnungen in bezug auf die Möglichkeiten einer Heilung – nicht so sehr durch medizinische Mittel, sondern vor allem durch menschenfreundliche, gute Behandlung der Patienten. Er verurteilte die Anwendung von Gewalt und setzte vor allem auf die Wirksamkeit einer „moralischen Kontrolle", die der Arzt durch seinen Charakter und sein persönliches Vorbild ausüben sollte.

In Frankreich war der Arzt Philippe Pinel der wichtigste Verfechter des neuen Ansatzes.Er verurteilte grausame Therapien und empfahl genaue Beobachtung. 1793 wurde ihm die Leitung von Bicêtre, der größten öffentlichen Irrenanstalt für Männer in Paris, übertragen, und zwei Jahre später wurde er Chef der entsprechenden Frauenanstalt, der Salpêtrière. Die Grundlage für seine Betonung psychogener Faktoren waren die Anschauungen der Aufklärung: Wenn man die Gehirne von Verrückten sezierte, ließen sich so keine strukturellen Abnormitäten durch Beobachtung entdecken. Philosophisch gehörte Pinel gehörte zu den „idéologues" und stand unter dem Einfluß von Locke und Condillac. Sein „traitement moral" zielte jedoch vor allem auf die affektiven und nicht so sehr auf die intellektuellen Aspekte des Seelenlebens.

Obwohl die berühmte Szene, in der er seinen Patientinnen in der Salpêtrière die Ketten abgenommen haben soll, wohl eine Legende ist, hatte Pinels Arbeit doch beträchtliche Wirkung. Seine Psychiatrie verströmte Optimismus: Auf funktionale Störungen konnte man im Falle der Melancholie und der Manie ohne Delirium mit „moralischen" Methoden einwirken.

Eine parallele Entwicklung vollzog sich in England zum Beispiel im „York Retreat", das 1796 nach dem mysteriösen Tod eines Quaker-Patienten in der Anstalt von York eingerichtet wurde. Wie bei Pinel wurde die moralische Therapie auch in England mit zwei Gründen gerechtfertigt: Menschlichkeit und Effizienz. Das „Retreat" war nach dem Muster einer idealen Familie gestaltet. Die Anwendung von Zwang wurde in einer Umgebung, in der Genesung durch Lob und Tadel gefördert werden sollte, auf ein Minimum reduziert, das Ziel war die Wiederherstellung der Selbstbeherrschung. Auf die eigentliche Ursache der Geisteskrankheit, ob körperlich oder seelisch, kam es kaum an. Obwohl sie Ärzten gegenüber durchaus nicht feindlich eingestellt waren, vertraten die Leiter des „York Retreat" die Ansicht, daß die Medizin wenig helfe.

Michel Foucaults Vorstellung von einer „großen Einschließung", von einer Aufklärungsphilosophie, die den Wahnsinn zum Schweigen bringt, erweist sich also als falsch. Wie der Fall Humes zeigt, war die Philosophie an der Entwicklung einer neuen Psychiatrie beteiligt, die sich dem inneren Bewußtsein des Leidenden mit Einfühlung näherte. Gleichzeitig verwandelten solche säkularen Seelenerforschungen auch die Philosophie selbst. Das Zeitalter Humes brachte eine erkennbare Modernität hervor. Es bietet keineswegs ein so düsteres Bild, wie die heutigen Feinde der Aufklärung es immer wieder zeichnen.

(Aus dem Englischen von Reinhard Kaiser)

Markus Völkel

Großer Querschläger

Bayles Wörterbuch übernommener Ideen

Es kommt selten vor, daß sich zwei Epochen, durch Jahrhunderte getrennt, kongenial sind. Das postmoderne Bewußtsein: die Methode der Dekonstruktion, hätte allen Grund, sich auf Pierre Bayle zu stützen. Er stellt keinen Text her, sondern einen Archipel aus Textfragmenten, er gibt die Autorenfunktion preis, zitiert fast nur fremdes Denken und überläßt es dem Leser, alles zusammenzusetzen. Die relative Zurückhaltung, mit der die dekonstruierende Lektüre in Deutschland geübt wird, erklärt auch die relative Unkenntnis dieses Autors. Doch erst die Frage nach der Funktion der Erinnerung, besonders angesichts der „Frühgeschichte der Aufklärung", erklärt die deutsche Distanz hinlänglich. Warum sollte man zu den Niederlagen der Epoche zwischen 1670 und 1720 zurückkehren? Der Horizont des Optimismus, des Fortschrittes, ja des Ernstes liegt erheblich tiefer, als wir bei dieser Denkbewegung hinzunehmen gewillt sind. Wenn als Bodensatz nur eine negative Anthropologie bleibt, angesichts deren der Beobachter zwischen Verzweiflung und komischer Notwehr schwankt, was sollte hier zur Erinnerung reizen?

Pierre Bayle (1647 bis 1706) hat kein System der Metaphysik hinterlassen, sondern nur raffinierte Zweifel an ihrer Begründbarkeit. Seine Werke tragen sonderbare Titel, die nichts über den Inhalt verraten. Schlägt man sie auf, dann erweisen sie sich als eine Masse gelehrter Notizen, die in einer noch fast scholastischen Logik verzahnt sind. Allerdings ist der Stil oft witzig, an Rabelais und Montaigne geschult.

Die Zeitgenossen haben Bayles Werke verschlungen, sie gleichzeitig für frivol und fromm, göttlich und gottlos erklärt. Das Paradox dieses Schriftstellers ist das der frühen Aufklärung selbst. In ihr waren noch der Humanismus, die konfessionelle Theologie und alle Literaturgattungen ungeschmälert enthalten. Auf der Grundlage dieses enormen Wissens zerstörte Bayle alle alten und neuen rationalen Gewißheiten um des Glaubens willen, aber dann wies er historisch nach, wie oft der Glaube getrogen hatte. Wer zu zuversichtlich auftritt, den bringt Bayle schnell zur Einsicht seiner intellektuellen Voreiligkeit. Ein grausamer Autor.

Bayle entstammte einer Familie von reformierten Pastoren und wuchs im Languedoc auf. Zwei Brüder und der Vater kamen in den Wirren während der Aufhebung des Toleranzediktes von Nantes 1685 ums Leben. Zu diesem Zeitpunkt befand sich Bayle bereits im Exil in Rotterdam. Durch das protestantische „Refuge“ ging ein tiefer Riß zwischen Heimweh und Assimilation, zwischen dem Jubel über die Glorious Revolution und der Enttäuschung darüber, daß keiner der großen Friedensschlüsse die Heimkehr gestattete. Die Hoffnung auf Rückkehr prägte sich im Refuge auf doppelte Weise aus. Jedes politische Indiz wurde auf den Anbruch des Jüngsten Tages gedeutet. Gleichzeitig regten sich innerhalb des apokalyptischen Rahmens Zweifel. Die erste Generation des Refuge war nicht nur aus der Heimat, sondern auch aus der Epoche der Gewißheit vertrieben worden. Damit ergab sich für Bayle die so beschwerliche wie beglückende Situation, einen zweitausendjährigen Bestand von theologischen und philosophischen Problemen gleichzeitig virulent zu sehen.

Die Zweigötterlehre des antiken Ketzers Markion erregte in ihm die gleiche faszinierte Abscheu wie der Monismus Spinozas. Gleichwohl ließ er beide Modelle in einen Begründungswettstreit mit der Theologie Calvins treten. Scheinbar ungerührt nahm er hin, daß Markion bei der Erklärung des Bösen in der Welt am besten abschnitt. Die Weite des Schlachtfeldes ist atemberaubend: Benötigt eine Gesellschaft die Religion zu ihrem Bestand, oder ist auch eine aus Atheisten denkbar? Gibt es historische Gewißheit, und was resultiert aus der Einsicht, daß auch die so genannten „historischen Tatsachen“ nur Meinungen sind? Auch nur eine einzige dieser Fragen isoliert zu behandeln war unmöglich. Das theologisch-philosophisch-physikalisch-historische Feld war wie ein lebendiger Organismus aufgebaut. Überall lust- und schmerzempfindlich.

Diese Vitalität stabilisierte das Feld als Schöpfung des personalen, biblischen Gottes. Um 1700 war es jedoch in eine Art phobischen Zustand geraten. Bereits die kleinste Operation verursachte Todesangst, das heißt die Furcht vor Skeptizismus, Materialismus und Atheismus.

Anders als Descartes benutzte Bayle den Zweifel nicht als Leiter zur absoluten Gewißheit. Nachdem Philosophen und Theologen gegeneinander angetreten waren, blieb für fast alle ein Stückchen Wahrheit übrig, aber für keinen das Ganze, also für alle eigentlich nichts. Bayles „Dictionnaire“ zelebriert eine vorausgeahnte Enttäuschung und mündet in eine gelassene Resignation. Irgendetwas muß der Mensch glauben, aber die Begründung individuellen Glaubens bleibt zu schwach, um öffentlich verpflichtend zu werden. Die Religionen sind dann eine so gut wie die andere, solange sie ihre Ordnungsfunktionen erfüllen. Bayle ist der Antidogmatiker schlechthin und kann für die positive Anthropologie der Hochaufklärung nicht als Bürge genommen werden.

Die theologischen und philosophischen Probleme erörterte Bayle fast immer als historisch „gelehrte Materie“. Die Präzision der Überlieferung zählte ebenso viel wie die Richtigkeit des Gesagten. Dieser gelehrte Habitus hat ihn, nachdem die Aufklärung das Ende des humanistischen Vielwissens herbeigeführt hatte, um den verdienten Nachruhm gebracht: Die emanzipierte Vernunft brauchte nur geringes Marschgepäck. Die erste europaweite Wirkung erzielte Bayle mit einer Rezensionszeitschrift, die er im Alleingang verfaßte, den „Nouvelles de la République des Lettres" (1684 bis 1687). Seine gründliche, witzige und erst in der Tiefe als polemische Dialektik erkennbare Schreibart löste Staunen aus. So problemorientiert waren gelehrte Werke bislang nicht rezensiert worden. Die eigentliche Form für sein so amorphes wie präzises Wissen hatte Bayle aber noch nicht gefunden. Erst nach vielen Umwegen erschien 1697 der erste Band des nachmals so berühmten „Dictionnaire".

Soll ein erst zwei-, dann vierbändiges Personenlexikon in Folio zu einem buchhändlerischen Großerfolg werden, dann müssen außergewöhnliche Umstände zusammenwirken. Hatte sich die Menge der Gelehrten über Nacht vervielfacht? War es dem Autor gelungen, zweitausend Jahre Streit in Theologie, Philosophie und Geschichte in einen Roman umzuschreiben? Weder das eine noch das andere trifft zu. Die Gelehrten blieben eine Minderheit, und die Menge der Dilettanten griff zu einem Werk, das spröder kaum hätte ausfallen können. Es besteht ausschließlich aus knappen Lebensläufen und unzähligen Fußnoten, die „Fehler" erläutern, historiografische Fehler, logische Fehler, Fehler in politischen, metaphysischen und physikalischen Diskussionen. Woher also der Enthusiasmus, der bis 1741 neun Auflagen stimulierte?

Das Geheimnis lag in der genialen Abstufung und Verteilung von Material und Ausdruck. Die „Meinungen" (doxa) der Gelehrten über „Gott und die Welt" bilden das Material. Während der Meinungsstreit bei den Vorgängern Bayles aber nur erschöpfende Variation und Antithetik erzeugt, spürt der Philosoph von Rotterdam in ihm eine ebenso aggressive wie komische Dialektik auf. Dem Leser wird suggeriert, Denken könnte in einem autoritätsfreien Raum stattfinden, jede Position stehe in unverhoffter Symmetrie zu anderen, wobei tragische Konstellationen sich oft in einen komischen Konflikt auflösen. Das „Dictionnaire" mit seinen Querverweisen erlaubte solche Verwandlungserfahrungen bereits dem ungelehrten Leser. Im Artikel (König) „David" wird der alttestamentarische Heilige bald als gottesfürchtiger Dichter der Psalmen, bald als stümperhafter Regent, bald als Ehebrecher vorgeführt. Wie konnten so verwerfliche Regierungsmaximen mit so großer Frömmigkeit einhergehen? Allerdings raubt Bayle dem Leser jedes billige Triumphgefühl, die Mächtigen auf jedem Felde durchschaut zu haben. Mehr als den „Betrug" wußte er ja nicht, und das allein gab ihm noch keinen Grund, sich von der Macht und dem Dogma zu emanzipieren. In der Vernunft des Lesers, so Bayle, lag die Alternative gewiß nicht, denn sie hätte sich bereits historisch manifestieren müssen.

In Deutschland, in dem die Pastoren ihre eigene Aufklärung betrieben, hatte Bayle keine gute Presse. Orthodoxe wie Pietisten ließen empörte „Anti-Baeliana" kursieren. Aber Christian Thomasius ahmte ihn in seinen „Monatsgesprächen" teilweise nach. Mißverständnisse bezüglich der Begründbarkeit des Glaubens und der Fähigkeiten der Vernunft drohten sich durch Bayle festzusetzen, und so veranstaltete Gottsched 1741/44 eine Übersetzung mit eigenen, abwiegelnden Fußnoten, die das Ganze auf gesunde, das heißt rationale, wolffianische Grundlagen stellte. Friedrich II. von Preußen stellte Bayle in die Reihe der großen Antidogmatiker und las ihn mit der Schere. Er ließ 1764 einen tendenziösen Auszug (Extrait) erscheinen, der die polyphone Struktur seines Denkens unhörbar machte. Derart um seine Gelehrsamkeit gebracht, erreichte Bayle das neunzehnte Jahrhundert, bis ihn Ludwig Feuerbach 1839 zum Vorläufer des Materialismus und Atheismus machte und in dieser Form an die DDR weiterreichte. Der Skeptiker wurde zum Propheten der Dogmatiker.

Woher diese deutsche Unfähigkeit, zu Bayle in ein freundschaftliches Verhältnis zu treten? Sein Werk ist so offensichtlich ein „Spiel des Geistes“, daß man dies nicht, wie bei Leibniz geschehen, wegleugnen kann. Während die Leibniz-Forschung jedoch zur Zeit eine Domäne von Spezialisten ist, schickt sich das „Dictionnaire“ an, als ein postmodernes Werk ins Internet zu gehen. Für weitere Informationen begebe sich der geneigte Leser also auf die Web-Seite der Voltaire-Foundation. Dort arbeitet man zur Zeit an einem neuen Index und bereitet das kolossale Werk für neue Lesarten vor.

Bayle: „Historisches und critisches Wörterbuch“. 4 Foliobände. Herausgegeben von Johann Christoph Gottsched. Reprint der Leipziger Ausgabe von 1741–1744. Georg Olms Verlag, Hildesheim 1973–1978. 3459 S.

Pierre Bayle: „Dictionnaire historique et critique“. Reprint der Pariser Ausgabe von 1820–1824. Genf 1969.

Ernst Osterkamp

Unterhaltungen mit Herr und Knecht

Denis Diderots „Jacques le fataliste et son maître" betritt Seelenpfade

Sommerzeit, Reisezeit: Lesezeit! Zum Beispiel neulich auf dem Flughafen Mailand Malpensa: Unruhig wandert der Blick des Reisenden im Terminal auf den Monitor, der unerbittlich alle zwanzig Minuten eine weitere Verschiebung des Abflugtermins anzeigt, bis sich auch die letzte Hoffnung verflüchtigt, das für den Abend verabredete Rendezvous noch zu erreichen. Fatal! Der Gefahr, in seinem Zorn nun sozial auffällig zu werden, entgeht der Reisende nur durch die Einsicht, daß dies alles dort oben, irgendwo im Luftraum, längst geschrieben stehen müsse, und durch den Griff nach einem guten Buch. Und er beginnt zu lesen: „Wie waren sie zueinander gekommen? – ‚Von ungefähr, wie das gewöhnlich der Fall ist.' – Wie hießen sie? – ‚Was kann euch daran liegen?' – Wo kamen sie her? – ‚Aus dem nächst gelegenen Orte.' – Wo wollten sie hin? – ‚Weiß man je, wohin man will?'"

Das ist der Trost, dessen der Reisende angesichts des Scheiterns der providentiellen Kompetenz selbst der Flugpläne bedarf. Ein Friede, der höher ist denn alle Vernunft, legt sich auf seine Seele, und tiefe Heiterkeit erfüllt seine Brust von dem Augenblick an, da Jakob zum ersten Mal das Wort an seinen Herrn richtet: „Sein Hauptmann habe gesagt, alles, was uns hienieden Gutes oder Böses begegne, stehe dort oben geschrieben." „Das war ein vielsagendes Wort", entgegnet hierauf lapidar sein Herr, und eben weil es ein vielsagendes Wort ist, bedarf es der vielfachen Explikation, Umschreibung und Beglaubigung in Gestalt jener wundersam verschlungenen Erzählungen, aus denen Denis Diderot seinen philosophischen Roman „Jacques le fataliste et son maître", der natürlich wie alle guten Romane gar kein Roman sein will, hat entstehen lassen.

Und schon beginnt Jakob mit der Erzählung seiner Liebe. Da aber dort oben geschrieben steht, daß er bei der Erzählung seiner Liebesbegebnisse sehr häufig unterbrochen und deshalb dafür, sie zu Ende zu bringen, ungefähr so lange brauchen wird wie Tristram Shandy, um auf die Welt zu kommen, wandert der Blick des Reisenden im Terminal fortan unruhig auf den Monitor, um sich die Gewißheit zu verschaffen, daß sich der Abflugtermin auch fernerhin verschieben möge, denn was interessiert ihn noch sein eigenes Rendezvous, wenn er doch erfahren möchte, wie Jakobs Liebesgeschichte zu Ende geht. Reisezeit, Lesezeit...

Aber ist diese zielstrebige Fixierung auf ein Ende wirklich die dem Buch angemessene Art der Lektüre? Wer heute „Jacques le fataliste" in die Hände nimmt und sich von Diderots Witz und Geist auf die Jakobsleiter der philosophischen Erkenntnis führen läßt, wird das Buch jedenfalls kaum anders lesen, als Goethe dies am 3. April 1780 tat, als ihm eine französische Abschrift in die Hände geriet: „von 6 Uhr bis halb 12 Diderots Jacques le Fataliste in der Folge durchgelesen mich wie der Bel zu Babel an einem solchen ungeheuren Maale ergözt und Gott gedanckt daß ich so eine Portion mit dem großen Apetit auf ein mal als wärs ein Glas Wasser und doch mit unbeschreiblicher Wollust verschlingen kann."

Diderot dürfte diese Art literarischer Gefräßigkeit seinem Werke ungemäß erschienen sein. Denn er rechnete mit einem Leser, dem der Weg alles, das Ziel nichts ist. Er schrieb den Roman für die Bezieher der handschriftlich vervielfältigten „Correspondance littéraire", die Melchior Grimm 1753 gegründet hatte und die seit 1775 von Jacob

Heinrich Meister redigiert wurde; abonniert aber wurde sie von den für die Ideen der Aufklärung aufgeschlossenen Fürstenhäusern Europas. Diderots Roman lag der „Correspondance“ in monatlichen Lieferungen vom November 1778 bis zum Juni 1780 bei; für die aristokratischen Kenner erstreckte sich das Vergnügen der Lektüre, mit Leselust und stets erneuerter Vorlust auf die nächste Lieferung, also über fast zwei Jahre. Mit einer Lust aber, die aus einer Strategie der kalkulierten Verzögerung erwächst, weiß der bürgerliche Leser nichts mehr anzufangen, denn sie setzt einen unerschöpflichen Reichtum an Zeit voraus. Für den Bürger unterliegt gerade die Zeit dem Gesetz der Ökonomie, und deshalb will er auch als Leser rasch ans Ziel und stürzt den Roman in sich hinein wie ein Glas Wasser.

Diderot stimmt die Kunst der Digression, die er von Laurence Sterne gelernt hat, ab auf das Zeitgefühl der alteuropäischen Aristokratie, das von keiner modernen Lektüre mehr einholbar ist. Die an den Leser gerichtete Frage des Erzählers: „Weiß man je, wohin man will?“ gewinnt hier ihren präzisen sozialgeschichtlichen Sinn; den aristokratischen Beziehern der „Correspondance“ dürfte sie so paradox nicht erschienen sein, während das Bürgertum durchaus wußte, wohin es wollte. „Sehr traurig, nie zu wissen, wohin man geht“, sagt Jacques in der Lieferung vom Mai 1779, zehn Jahre vor der Französischen Revolution, die mit dem Ancien régime auch den exklusiven Abonnentenkreis der „Correspondance littéraire“ zerstört; sie wird 1793 eingestellt.

Von nun an erhebt eine andere Leserschaft Anspruch auf das Werk des großen Aufklärers Diderot, der nie daran gedacht hatte, seinen Roman drucken zu lassen. 1792, acht Jahre nach Diderots Tod, erscheint „Jacques le fataliste“ zum ersten Mal im Druck: in Berlin in der deutschen Übersetzung von Wilhelm Christhelf Siegmund Mylius. Das

Ungestörtes Nachdenken in entspannter Kleidung: Dmitri Grigorijewitsch Lewitzki, Porträt des Denis Diderot, 1773

französische Original, von dem Mylius noch geglaubt hatte, daß es „schwerlich“ je gedruckt würde, kam vier Jahr später in Paris heraus.

Mylius (1754 bis 1827), der zu den besten und produktivsten Übersetzern seiner Zeit zählte, hat die Dialoge zwischen Jakob und seinem Herrn in ein so bewegliches wie elegantes Deutsch gebracht, das von heiter-humaner aufgeklärter Spiritualität durchweht wird und für Diderots urbane Ironie ebenso den rechten Ton zu finden weiß wie für seine subtilen Seelenzeichnungen. Schwerlich hat in Deutschland ein zeitgenössischer Autor jemals so prominente Übersetzer gefunden wie Diderot; die Reihe spannt sich von Lessing bis Goethe, und schon im Jahr nach Diderots Tod hatte Schiller die psychologisch abgründige Episode der Mme de la Pommeraye aus „Jacques le fataliste" für die „Rheinische Thalia" übersetzt. Die Meßlatte lag also hoch, und Mylius erreichte sie mühelos. Er strich aus dem Titel seiner Übertragung die philosophische Etikettierung des Klügsten aller Diener, nannte den Roman „Jakob und sein Herr" und verlagerte damit den Akzent der Erzählung vom philosophischen Problem der Willensfreiheit auf die soziale und psychologische Problematik des Verhältnisses von Herr und Knecht. Dabei leitete ihn sein sicheres Gespür, daß nach dem Sturm auf die Bastille der Fatalismus an Aktualität verloren, Diderots vorrevolutionäre Analyse der Dialektik von Herrschaft und Knechtschaft durch die revolutionären Ereignisse dagegen glanzvoll bestätigt worden war.

Daß es nicht zuletzt das erfahrungsseelenkundliche Interesse seiner Zeit war, das Mylius' Blick auf den Roman steuerte, zeigt die dem Buch vorangestellte „Nachricht" des Übersetzers, in der dieser „Menschenkenntniß, Lebensphilosophie, Tristramshandysche Laune und Darstellungsart" an Diderots Werk rühmt. Die praktische Philosophie wird hier den Einblicken in Seele und Verhaltensformen des Menschen, die der Roman eröffnet, nachgeordnet. Und tatsächlich geht es Diderot ja auch nicht darum, philosophische Maximen abstrakt zu erörtern, sondern deren Wirkung auf die seelische Gestimmtheit und das praktische Verhalten derer, die sie sich zu eigen machen, darstellerisch zu überprüfen. Im Zweifelsfall interessiert sich der große Menschenkenner Diderot weniger für die Prädestinationslehre als für die komplizierten Lebenswege, auf denen Jacques und seine geliebte Denise dahin gelangen, „dem Zeno und Spinoza Jünger" produzieren zu können, was allemal angenehmer ist, als ihre Lehren zu studieren. Aber das ist schon das Ende des Romans, und dieses Ende interessiert Diderot so wenig, daß er dem Leser die Möglichkeit gibt, sich seiner

Willensfreiheit zu bedienen und aus drei vom Erzähler angebotenen Schlüssen selber einen auszusuchen.

Übrigens, der Erzähler: Ist er eigentlich der Herr des Lesers oder dessen Knecht? Natürlich der Herr, der in überaus witzigen Dialogen mit dem plausibilitätshungrigen und stringenzsüchtigen Leser alle dessen Einwürfe, Ermahnungen und Bitten souverän mit dem Hinweis auf die Wahrheit der Geschichte und der Beteuerung zurückweist, er schreibe schließlich keine Romane, ja er könne Romane nicht leiden. Andererseits wird der Erzähler genau damit zum Knecht der Geschichte und ihres Wahrheitsgebots, der sich alle Freiheiten der Einbildungskraft versagt, wie sie nur den Verfassern von Romanen zukommen. Der Erzähler ist also Herr und Knecht zugleich, wie der Diener Jakob Herr seines Herrn ist und der Herr Knecht seines Dieners und seiner eigenen zwanghaften Angewohnheiten: auf die Uhr zu schauen, Tabak aus seiner Dose zu nehmen und den Geschichten Jakobs zuzuhören – ein hinreißendes erzählerisches Wechselspiel von Herrschaft und Knechtschaft, aus dem dieser Erzähler wahrheitsgetreuer Historien Wunder der Einbildungskraft entfaltet. Tiefe philosophische und gesellschaftstheoretische Probleme verwandeln sich unter dem Blick dieses Zauberers, der ein Meister der psychischen Introspektion ist, in schwerelose erotische Erzählungen, in denen, obgleich oder vielmehr weil alles dort oben längst geschrieben steht, immer genau das eintritt, womit nicht zu rechnen war.

Natürlich muß man, wenn es deutsch-gründlich um das Herr-Knecht-Verhältnis zu tun ist, unbedingt die einschlägigen Abschnitte aus der „Phänomenologie des Geistes" lesen, aber die „Phänomenologie des Geistes" ist ein philosophisches Winterbuch, während „Jakob und sein Herr" ein philosophisches Sommerbuch ist. Und im übrigen wäre es unbillig, von einem, der eine Phänomenologie des Geistes geschrieben hat, nun zu erwarten, daß er überdies auch

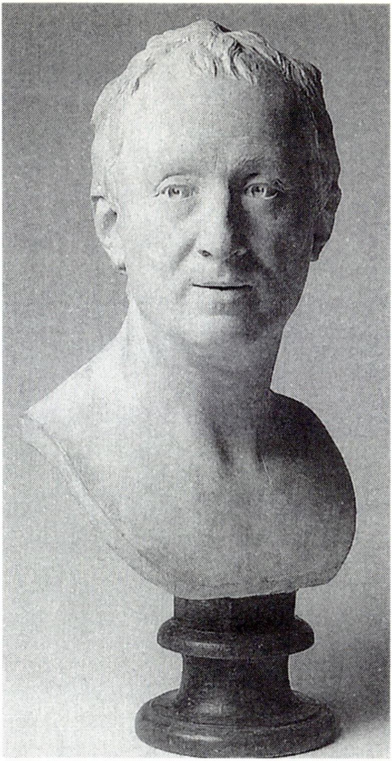

Jean-Antoine Houdon, Diderots Büste

noch geistreich hätte sein sollen. Geistreich aber war in hohem Maße Diderot, der seinem Jacques attestierte, er besitze „eins von den besten Gehirnen, die je existiert haben", und damit zu Recht sein eigenes meinte.

Horst Günther hat „Jakob und sein Herr" in Mylius' Übersetzung in einer schönen Ausgabe wieder zugänglich gemacht und sie um die Teile, die in der Mylius vorliegenden Handschrift nicht enthalten waren, ergänzt. Danken werden ihm die Leser zwar weniger für sein in Maßen informatives Nachwort, dafür aber um so mehr für den vorzüglichen Einfall, dem Band neben Jacob Heinrich Meisters Nachruf auf Diderot vor allem die hinreißenden Erinnerungen an Diderot von dessen Tochter Madame de Vandeul beizugeben, die hier zum ersten Mal auf Deutsch erscheinen. Wer ihre Geschichte über Diderot liest, kehrt für glückliche Momente noch einmal in die Welt seines Romans zurück: „‚Aber', sagt Maître Clément zu ihm, ‚was wollen Sie denn werden?' – ‚Wahrhaftig nichts, aber auch gar nichts. Ich liebe das Studium; ich bin glücklich und zufrieden; ich will gar nichts anderes.'"

Das Buch ist mit Kupfertafeln aus den Bildbänden der „Encyclopédie" sinnreich geschmückt. Und so bleibt nur zu bedauern, daß der Herausgeber darauf verzichtet hat, die Neuausgabe von Mylius' Übersetzung mit einer Abbildung des Titelblatts der deutschen Erstausgabe, die immerhin Daniel Chodowiecki mit einem schönen Medaillon verziert hat, und vor allem mit dem Portrait des Übersetzers auszustatten, der mit Bedacht zum Schluß noch einmal bei seinem vollen schönen Namen genannt sei: Wilhelm Christhelf Siegmund Mylius.

Denis Diderot: „Jakob und sein Herr." In der Übersetzung von Wilhelm Christhelf Siegmund Mylius, Berlin 1792; durchgesehen, ergänzt und mit einem Nachwort versehen von Horst Günther. Eichborn Verlag, Frankfurt am Main 1999. 447 S.

Norbert Miller

Das Licht am Ende der Höhle

Fluchtorte und Fernblick in der Seelenlandschaft des Erhabenen

„Vorneweg ich, hinter mir der Mönch, krochen wir auf allen Vieren durch die Öffnung. Mein Gefährte drückte die Bleiplatte wieder hinunter. Der Nebel war nicht dicht. In diesem schwachen Schimmer umfaßte ich meine Pieke, streckte sie vor und stieß sie schräg in die Fuge zwischen zwei Bleiplatten, so daß ich mich mit vier Fingern am Rand jeder angehobenen Platte hochziehen und so bis zum Dachfirst hinaufsteigen konnte." So beginnt die Schilderung des alternden Giacomo Casanova von seiner berühmten Flucht aus den Bleibkammern der Republik Venedig am 1. November 1756. Wegen Magie, Gotteslästerung, Unzucht und Verdacht auf Freimauerei war er, ohne selbst Anklage und Urteil zu erfahren, zu fünf Jahren Kerker verurteilt worden. Die Natur reklamierte er in einem zurückgelassenen Brief an die Staatsinquisitoren als das Recht des Schuldigen, sich zu retten. Und für einen waghalsigen Augenblick stand er nun als Sieger im ungleichen Zweikampf auf dem Dach über dem Herrschafts-Zentrum der Republik und starrte über schwindelnde Abgründe auf die Stadt hinunter. Der Taumel der Freiheit und der Angst geben den zufälligen Wahrnehmungen eine Überschärfe, die sich dem Gedächtnis wie mit Sticheln auf immer eingräbt. Durch die Luke glückt schließlich die Rettung. Von dort aus verwandelt sich die Flucht des Abenteurers in ein wie von Carlo Goldoni erfundenes Lustspiel der Verkleidungen, der Mißverständnisse und der skurrilen Begegnungen. Eine Komödie der Irrungen freilich, bei der hinter jedem Gebüsch und jedem Paravant die Sbirren und der Todes-Schatten der Serenissima lauerten.

Spektakuläre Fluchtversuche waren nicht selten. Wem das Wagnis geglückt war, aus den Kerkern der Inquisition, aus der Engelsburg oder der Bastille zu entkommen, dem schlug in der Freiheit eine Welle der aus Furcht und Mitleid gemischten Sympathie entgegen. Neu an Casanovas Bericht ist der Bewußtseinsrausch, in dem sich für den Flüchtenden in der höchsten Anspannung die Grenzen der Seele ins Schrankenlose erweitern. Die Angst schnürt das Empfinden zusammen, das höchste Entsetzen öffnet die Tore zu einer unbekannten Welt. „The Sublime", das Erhabene, nennen die englischen Philosophen wenig später diese Erfahrung und geben damit einer alten Kategorie des Ästhetischen eine neue Dimension. „Es bedarf schon einer sehr kalten Imagination", meint der Dialogpartner bei Ann Radcliff, der Königin des europäischen Schauerromans, „wenn einem die Gewißheit schrecklicher ist als die Offenheit des Verdachts. Der Schrecken und das Entsetzen (‚terror' und ‚horror') sind so entschieden einander entgegengesetzt, daß nur der erste die Seele ausdehnt und ihre Fähigkeiten zum höchsten Grad der Lebenswahrnehmung bringt."

Casanova mag die Begegnung mit dem Erhabenen rasch verdrängt haben, als er sich mit letzter Kraft ins Freie rettete, und als er sich dreißig Jahre später erinnerte – immerhin so genau, daß jede Einzelheit nachprüfbar, daß jeder Verdacht auf eine spätere Erfindung der Episode widerlegbar ist –, kannte er vielleicht manche der unheimlichen Flucht-Sequenzen, die im englischen und französischen „roman noir" die Bogen füllten. Aber das Authentische des Tonfalls macht den Bericht von seiner Flucht – auf den Tag genau ein Jahr nach dem Erdbeben von Lissabon – zum ersten Zeugnis einer von Grund auf gewandelten, verunsicherten Weltauffassung.

Antonio Niccolini (1772–1850), Gefängnis und aufgebrochenes Gefängnis. Szenenentwürfe zu einer Rettungs-Oper für das Teatro di S. Carlo in Neapel

Für die europäischen Reisenden nach 1760, für die in Heerzügen über die Alpen nach Rom und Neapel strömenden Adligen aus Frankreich und die englischen „milordi“, wie die Italiener sie ergriffen-spöttisch titulierten, treten andere Sehenswürdigkeiten, andere Erfahrungen, andere Stimmungen auf den Plan, denen man sich ausgesetzt haben mußte: die Verlassenheit der römischen Campagna und der Pontinischen Sümpfe, die Allgewalt der Wasserfälle von Terni und Tivoli, die rätselhafte Vulkan-Landschaft der phlegräischen Felder im Hinterland Neapels, die unter Lava und Asche begrabenen Städte am Golf und der Vesuv als das Sinnbild aller Herrlichkeit des Schrecklichen. Und während es in der Dichtung noch Jahrzehnte brauchte, ehe diese Landschaften des Erhabenen als nach außen gewendete Seelenlandschaften in die romantische Naturlyrik Eingang fanden, wetteiferten die Maler, Zeichner, Radierer untereinander, das Erhabene als den höchsten Ausdruck des Künstlerischen in die Anschauung zu bannen, während sie die Nachfrage nach Landschaftsveduten und Ideal-Ansichten zu befriedigen suchten.

Der römischen Größe und dem Zauber Süditaliens war noch jeder Besucher erlegen, aber jetzt bildete sich für die Symbiose auf Zeit von Reichtum und Kunst ein eigenes Genre heraus, das der „voyages pittoresques“, der eigens zu dem Zweck, vor dem Außergewöhnlichen in passivem Kunstgenuß zu erschauern, unternommenen Ausflüge. Den Kraterrand des erloschenen, von Eichenwäldern bestandenen Astroni-Vulkans entlang zu wandern, zur Höhle der Sibylle von Cumae aufzusteigen oder, Vergil im Herzen, über den Averner-See nach dem Eingang zur Unterwelt hinüberzuschauen, gewann in den letzten Jahrzehnten des Säkulums eine immer unheimlichere, auf sich selbst zurückgewendete Anziehungskraft. Um den Andrang der Reisenden auf den Vesuv aufzufangen, bildeten sich ganze Dynastien von

Reiseführern, aber auch von malerischen Spezialisten, die in nächtlichen Feuerscheinen, Lavaflüssen und Rauchschwaden zum höheren Besten dieser reisenden Vulkanliebhaber exzellierten.

Einer der Hauptästhetiker des „Picturesque" und „Sublime", der große Antikenkenner Richard Payne Knight, nahm eine ganze Mannschaft glänzender Landschaftsmaler, darunter mit Jacob Philipp Hackert und John Robert Cozens die berühmtesten ihrer Epoche, nach Sizilien mit und ließ von ihnen jede Phase des Aufstiegs zum Krater des Ätna dokumentieren. Nicht verwunderlich, daß unter diesen Orten des ästhetischen Schauders einer berühmter war als alle anderen zusammen: der schon im Altertum durch den Hügel des Posilippo geschlagene Durchbruch zwischen Neapel und dem Golf von Pozzuoli. Der Volksmund nannte ihn einfach „die Grotte" und schrieb ihre Entstehung dem Zauberer Virgilius zu. Das angebliche Grab des Dichters über dem malerisch gelegenen Eingang war seit jeher ein Hauptanziehungspunkt für jeden Reisenden. Nun aber war es die Erprobung der eigenen Angst, die jeden Fremden in die ungewisse Nacht dieser Höhle hineinzog.

So verfehlte keiner der Maler und Radierer, diese schillernde Stimmung vor dem Eintritt herauszuheben: die kahle, aber in warmen Farben gehaltene Tuffsteinwand, überzogen von dem üppigen Bewuchs einer paradiesischen Natur, dazwischen wie ein Felsenriß das schwarze Eingangsloch durch das Stadttor Neapels, abgesichert vor Gott und den Heiligen durch eine Kapelle rechter Hand, Fußgänger und Karren in gleichmütiger Gewohnheit auf dem Weg zu ihren Geschäften. Aber dem Sog in die Nacht der Gefahr antwortet – ein Versprechen des Umschlagens aller Erwartung – ein ferner Lichtpunkt in der Tiefe. Erst vergleichsweise spät haben die Maler versucht, diesen unbeschreiblichen Anblick ins Bild zu bannen. Es waren französische

A. Sminck Pitloo, Die Grotte des Posilipp.
Amsterdam, Rijksmuseum

Hubert Robert, Die Grotte des Posilipp.
Paris, Petit Palais

Künstler, die lange in Rom gearbeitet hatten und dort unter den Einfluß der düsteren Kerker- und Unterwelt-Visionen des Architekten Giovanni Battista Piranesi geraten waren. Der große Bilderfinder Louis Desprez gestaltete auf seinem Aquarell die unentrinnbare Monumentalität dieser kaum erhellten Höhle als ein gespenstisches Pandämonium, aus dem die Wagen, Wanderer und Herden nach beiden Seiten wie in wilder Panik davonstieben. In einer berühmten Aquatinta-Radierung des gleichen Sujets intensivierte er diesen Charakter eines vorromantischen Nachtstücks noch durch die kühnsten Schattenwirkungen.

Hubert Robert, dem genialsten Landschaftsträumer und Landschaftsarchitekten der Zeit vor der Revolution, blieb es vorbehalten, die atmosphärische Magie dieses Orts im Bild einzufangen. Sein im Gegenlicht gehaltenes, ganz von dem fernen Glast der Freiheit eingehülltes Idyll im Staunen überraschter und erschreckter Menschen hat als Ausnahmesituation etwas von einer Ur-Situation. Als wäre unversehens die Wand aufgerissen, als wäre für jeden in diesem Chor der vom Licht Überwältigten der Kerker aufgegangen, so präsentiert sich in Hubert Roberts Einbildungskraft der Eindruck nächtlicher Verfangenheit – als politische Utopie, als Trugbild, als Fata Morgana?

Mit Fragonard hatte Hubert Robert, der seit 1754 für mehr als ein Jahrzehnt in Rom war, während dessen kurzen Aufenthalt in Italien eine einzigartige Folge reich ausgeführter Rötel-Zeichnungen aus den Parklandschaften der römischen Umgebung, besonders von den Gärten der Villa d'Este in Tivoli, als eigenständige Kunstwerke geschaffen. Galante Veduten, Liebespaare in den Geißblattlauben und auf den ins Freie führenden Treppen, Kinder bei Spielen zwischen den Steinbalustraden und in den Hecken, alles ins Zauberhafte verklärt durch das Verweben von Gartenarchitektur und frei aufstrebender Natur. Aber diese scheinbar von Menschenhand geordnete Natur hat einen Zug ins Unheimliche: Zu dicht schlagen die Schatten hinter den Balustraden zusammen, wie der Flasche entronnene Riesen heben sich die alten Zypressen der Villa d'Este in den Himmel. Es ist, als sei der Ausgleich in diesem künstlichen Arkadien unversehens gestört, als hätten sich die steinernen Götter in den Nischen mit den Naturkräften gegen die nichts ahnenden Bewohner und Besucher verschworen.

Fragonard hat dieses Thema sein Leben lang verfolgt. Er schildert den Großen Wasserfall von Tivoli, wie er von fern durch eine Brücken-Silhouette vom bewohnten Stadtrand aus wahrgenommen werden kann, in seiner Urgewalt zurückgenommen, in den Alltag eingefriedet. Die Idylle führt der Maler im späteren Gemälde (im Louvre) zu einem empfindsamen Genrebild aus. Aber liegt nicht eine Drohung in diesem ferngerückten Naturwunder, dessen Tosen man durch das Gegenlicht zu hören vermeint? In den siebziger Jahren hat Fragonard dann die Magie der Landschaftsgärten um Paris unverhohlen ins Dämonische gesteigert. Das gilt für das berühmte Gartenfest von Saint Cloud, das gilt für die gleichzeitig und vielleicht für den gleichen Sammler geschaffenen Ölbilder mit dem Blinde-Kuh-Spiel und der Schaukel (heute Sammlung Kress, Washington), die vielleicht einmal den Romantikern Théophile Gautier und Gérard de Nerval in ihrem Bohème-Anfängen gehört hatten. Hier sind die Baumkulissen, aber auch die Statuen jedem Maß entwachsen, hier schießt zwischen dem Zypressen-Paar aus Tivoli die Kaskade in einen unbekannten Abgrund, und die Schaukel zwischen den vom Wind bewegten Bäumen scheint in eine Gewitter-Szenerie jenseits der Park-Begrenzung hinauszufliegen. Watteaus Liebespilger und Komödien-Figurinen schauten am Ende ihres Wegs in melancholischer Gelassenheit nach der fernen, geheimnisvollen Insel Cythère hinüber.

Jean-Honoré Fragonard, Das Blindekuhspiel im Park, um 1773/76. Washington, Samuel H. Kress Collection

Fragonards Geschöpfe spielen als Kinder in einer Welt, zu der sie kein Zutrauen haben sollten. Sie sind auf der Flucht, ohne es zu wissen.

Im „Kastell von Otranto“ stellte 1764 Horace Walpole, Sohn des früher allmächtigen Premierministers von England, selbst Politiker, Kunstkenner und Gartenarchitekt, den umgekehrten Albtraum dar, die drohende Vernichtung durch eine Vorvergangenheit, die in Titanengröße jeden

Maßstab und jede Sicherheit zertrümmert. Er hatte sein Domizil an der Themse – so klein, daß er es seinen Freunden gelegentlich als Brief zustellen wollte –, in eine verspielte gotische Burg umgebaut, um seine Ästhetik des Regelverstoßes gegen den Klassizismus der zeitgenössischen Architektur auszuspielen. Nun gewann der geplante Wirrwar seine eigene Traumlogik, seine eigene Beunruhigung. Wenn der kauzige Junggeselle die verfolgte Unschuld durch nicht mehr endende Kellergänge und Grabgewölbe fliehen läßt, dann erlebt sie stellvertretend die unheimlichen Tagträume ihres Erfinders, der von Raum-Unendlichkeiten fabelte, in denen der Geist Michelangelos und der wilde Genius Salvatore Rosas römische Altertümer, Naturwunder und unentrinnbare Gefängnisse übereinander häufen.

Wie in der tatsächlichen Erfahrung Casanovas werden aber auch in den von der Imagination wachgerufenen Flucht-Sequenzen des Schauerromans in Einzelheiten der Topographie im extremen Augenblick überscharf festgehalten. Innenraum und Außenraum werden in einem solchen Moment austauschbar, ja ein und dasselbe. Das Licht am Ende der Höhle, wie trügerisch der Hoffnungsschimmer sein mag, ist dem Fluchtort so zugeordnet, wie in Hubert Roberts Ansicht der Posilipp-Grotte. Er muß da sein, weil erst die Perspektive auf ihn die Bewegung, die den Augenblick durchflutet, aus der Erstarrung aufzulösen vermag.

Die Autoren

PATRICK BAHNERS, Dr. phil., geb 1967, arbeitet in der Redaktion Neue Sachbücher der Frankfurter Allgemeinen Zeitung.

ROBERT DARNTON, geb. 1939, ist Professor für Europäische Geschichte an der Universität Princeton, USA.

CHRISTIAN GEULEN, Dr. phil., geb. 1969, ist wissenschaftlicher Mitarbeiter an der Universität Essen.

MICHAEL JEISMANN, Dr. phil., geb. 1958, ist Feuilletonredakteur der Frankfurter Allgemeinen Zeitung.

ALBRECHT KUNKEL, geb. 1938, war Wissenschaftsredakteur u.a. des Spiegels und lebt als freier Journalist in Heidelberg.

NORBERT MILLER, geb. 1937, ist Professor für Deutsche und Vergleichende Literaturwissenschaft an der Technischen Universität Berlin.

ERNST OSTERKAMP, geb. 1950, ist Professor am Institut für deutsche Literatur der Humboldt-Universität zu Berlin.

CHRISTIAN PFISTER, geb. 1944, ist Professor für Wirtschafts-, Sozial- und Umweltgeschichte an der Universität Bern.

ROY PORTER, geb. 1946, arbeitet am Wellcome Institut for the History of Medicine, London.

HENNING RITTER, Dr. phil., geb. 1943, ist leitender Redakteur der Frankfurter Allgemeinen Zeitung.

JAN RÜDIGER, Dr. phil., geb. 1966, ist Lehrbeauftragter für Mittelalterliche Geschichte an den Universitäten Kiel und Hamburg.

HANS-JÜRGEN SCHINGS, geb. 1937, ist Professor für Neuere deutsche Literaturgeschichte an der Freien Universität Berlin.

MARKUS VÖLKEL, geb. 1953, ist Professor für Europäische Geistesgeschichte und historische Methodologie an der Universität Rostock.

Bildquellennachweis

Amsterdam, Rijksmuseum *S. 88*
Berlin, Archiv für Kunst und Geschichte *S. 29, 92*
Essen, Christian Geulen *S. 52*
Frankfurt am Main, Cinetext Bild + Text-Archiv *S. 18, 38*
Frankfurt am Main, FAZ-Archiv *S. 78, 81, 85*
London, Sir John Soane's Museum *S. 18*
London, Wellcome Institute Library *S. 65*
Paris, Lauros Giraudon *S. 89*